Basteln mit den ALLERKLEINSTEN

Papier und Pappe

Inhalt

Papier ist einfach wunderbar

Schon die Kleinsten lieben es, mit Papier zu spielen. Sie knüllen und reißen es und lauschen dabei fasziniert dem Klang, wenn es in ihren Händen knistert und raschelt. Kaum sind ihre motorischen Fähigkeiten etwas weiter entwickelt, greifen sie nach der Schere und machen sich an die ersten noch ungelenken Schnitte.

Papier ist ein fantastisches Material für kleine Bastler und Entdecker - und so vielseitig. Sie können es reißen, knüllen, schneiden, kleben, bemalen und falten. Es braucht nicht viel, um aus einem einfachen Blatt Papier Tiere, Figuren und Fahrzeuge entstehen zu lassen und der kindlichen Fantasie Form zu geben. Schon mit einfachsten Techniken entstehen Kunstwerke, auf die die Kleinen stolz sein können.

Die Bastelideen in diesem Buch zeigen, was schon die Kleinsten mit Papier machen können. Ob Prinzessinnenkrone oder Einhorn, Dinosaurier oder Piratenschiff, Osterhase, Laterne oder Weihnachtsmann: Passende Bastelideen zu den beliebtesten Kinderthemen und für alle Jahreszeiten machen Lust, am Basteltisch auf Entdeckungstour zu gehen.

Ich wünsche viel Spaß bei der Erforschung dieses wundervollen Materials und seiner vielfältigen Möglichkeiten.

Susanne Pypke

UHU
BASTEL KLEBER
UHU
stic

SCHNEIDEN
UND
KLEBEN

Einhorn-Handpuppe

DU BRAUCHST:

* Tonkarton in Hellrosa, A5
* Tonpapierrest in Silber
* Bleistift
* Schere
* Alleskleber
* 1-Cent-Münze
* Prickelnadel und weiche Prickelunterlage
* feiner Filzstift in Schwarz
* Baumwollgarn in Regenbogenfarben

Vorlagen: Körper, Kopf und Horn auf Seite 71

1 Schneide den Körper und den Kopf aus dem Tonkarton aus und klebe den Kopf hinter den Körper. Dann das Horn aus dem Tonpapier ausschneiden und aufkleben.

2 Zeichne mit der Münze unten vier Kreise auf den Körper und trenne sie mit der Prickelnadel heraus (siehe Seite 69).

3 Male das Auge, die Nüster und das Maul auf. Danach schneidest du kurze Stücke von der Wolle ab und klebst sie als Mähne auf.

4 Stich mit der Prickelnadel hinten ein großes Loch in den Körper und knote einige 20 cm lange Wollfäden als Schwanz an. Jetzt kannst du deine Finger durch die Löcher stecken und mit deinem Einhorn losreiten.

Prinzessinnen-Krone

DU BRAUCHST:

* Pappbecher in Pink mit weißen Punkten
* Bleistift
* Schere
* 6 Pompons in Gelb, ø 2 cm
* Alleskleber
* dicke Sticknadel oder Stricknadel
* Gummikordel in Weiß, ca. 50 cm lang

1 Schneide vom Becherrand aus sechs etwa gleich große Zacken in den Becher. Wenn du magst, kannst du sie dir davor mit einem Stift anzeichnen.

2 Klebe die gelben Pompons auf die Zacken der Krone und lass den Klebstoff gut trocknen.

3 Stich unten seitlich in die Krone mit der Nadel zwei Löcher, die sich gegenüberliegen.

4 Die Gummikordel durch die Löcher fädeln und die Enden miteinander verknoten.

TIPP
Stelle ein LED-Teelicht in die Krone, und du hast eine schöne Deko für deine nächste Prinzessinnenparty.

DU BRAUCHST:

* je 12 Tonpapierstreifen in Orange, Pink oder Gelb, 3 cm x 15 cm
* Bürohefter
* Alleskleber
* 2 runde Gegenstände, ø 5,5 cm und ø 4 cm
* Bleistift
* Tonpapierreste in Orange, Pink und Gelb
* Schere

TIPP

Fädle einen Faden durch ein Blütenblatt und verknote die Enden. So kannst du deine Blume ganz einfach aufhängen.

Blumen-Deko

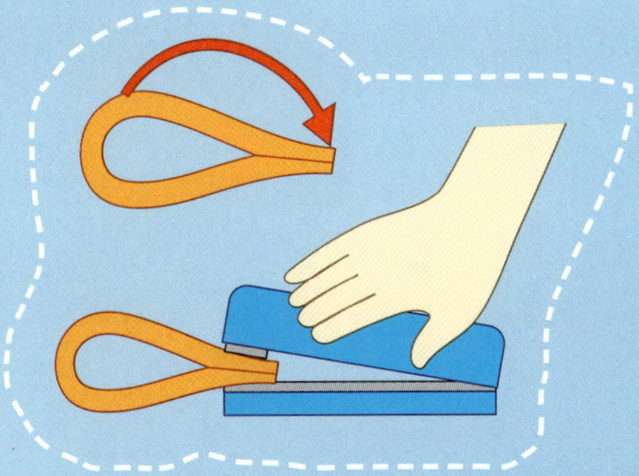

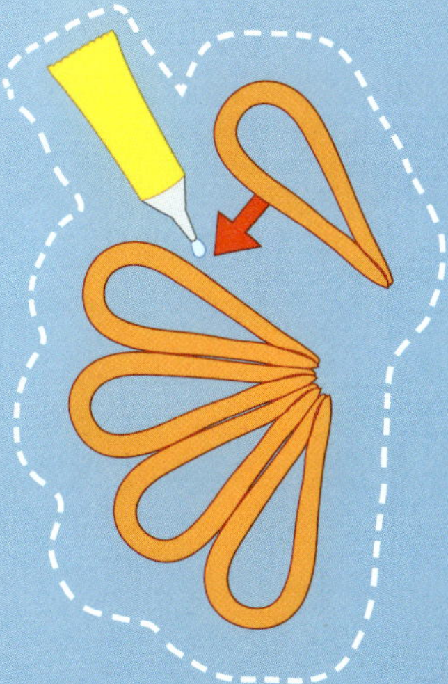

1 Lege die Enden eines Papierstreifens aufeinander und tackere sie zusammen. Wiederhole dies mit den anderen Papierstreifen, sodass du zwölf Blütenblätter hast.

2 Klebe die Blütenblätter im Kreis herum aneinander und lass den Klebstoff gut trocknen.

3 Zeichne mit den runden Gegenständen pro Blume je zwei kleine und zwei große Kreise auf die Tonpapierreste und schneide sie mit der Schere aus.

4 Klebe die Kreise aufeinander und dann beidseitig auf die Blumenmitte.

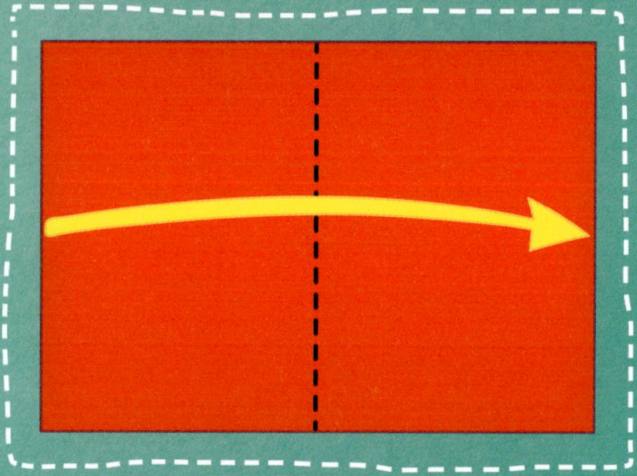

1 Falte das Papier einmal in der Mitte, sodass die kurzen Seiten aufeinanderliegen.

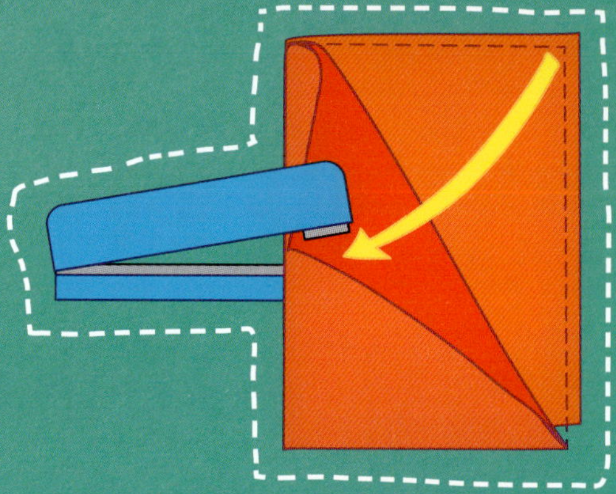

2 Schlage die obere rechte Ecke schräg nach links zur Faltkante und befestige sie mit einer Klammer des Bürohefters. Wende den Drachen und wiederhole das Ganze auf der anderen Seite.

3 Schneide mithilfe der Vorlage die Schwanzfedern zu. Für den Schnabel ein Dreieck aus gelbem Tonpapier ausschneiden. Klebe die Federn, den Schnabel und die Wackelaugen auf.

4 Stanze hinter den Metallklammern ein Loch in den Drachen und knote den Wollfaden fest. Das andere Schnurende um eine Wäscheklammer wickeln. Jetzt kannst du losrennen und deinen Vogel am Faden fliegen lassen.

Vogeldrachen

DU BRAUCHST:

* Kopierpapier in Rot, A4
* Bürohefter
* Tonpapierreste in Gelb, Lila und Blau
* Bleistift
* Schere
* 2 Wackelaugen, ø 7 mm
* Alleskleber
* Bürolocher
* Wollfaden, ca. 1 m lang
* Wäscheklammer

Vorlagen: Federn und Schnabel auf Seite 70

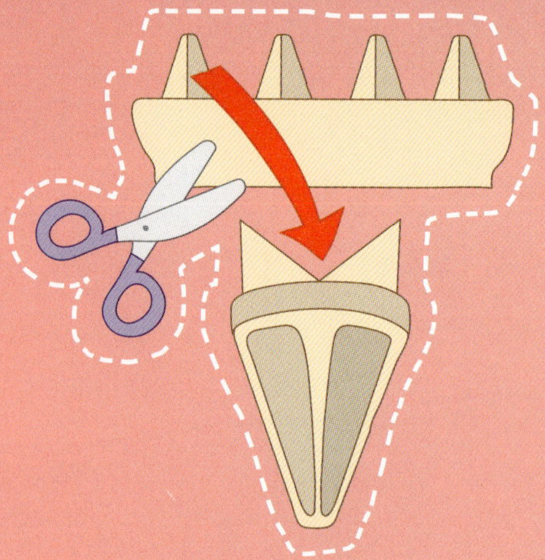

1 Schneide aus dem Eierkarton ein großes Hütchen aus, das oben links und oben rechts ein Ohr hat.

2 Male das Hütchen in den Farben des Waldbewohners an und lass alles gut trocknen.

HINWEIS

Für den Hasen schneidest du lange Ohren aus dem Eierkarton aus und klebst sie in das Hütchen hinein. Die Zähne aus weißem Tonkarton ausschneiden. Für das Hirschgeweih biegst du braune Pfeifenputzer zurecht und klebst sie auf den Kopf.

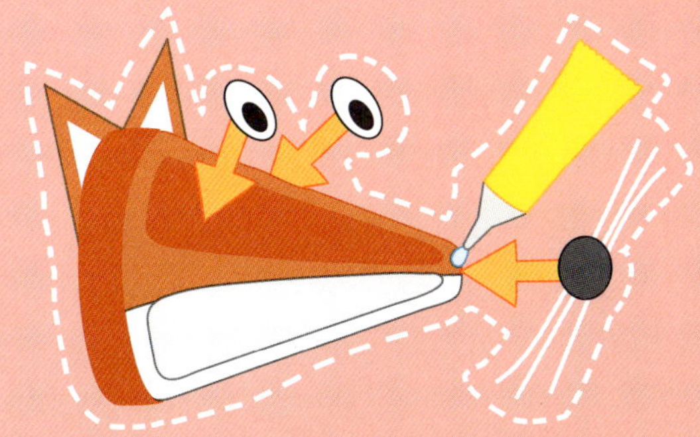

3 Schneide eine kleine Schnauze aus und klebe sie zusammen mit ein paar Fäden als Barthaare auf. Die Wackelaugen ebenfalls aufkleben.

4 Übertrage die Vorlage für die Wandtafel auf den Tonkarton. Schneide sie aus, gestalte sie mit Filz- oder Glitzerstiften und klebe den Kopf auf.

Wald-tiere

DU BRAUCHST:

* Eierkarton
* Schere
* Pinsel
* Bastelfarbe in Orange, Weiß und Braun
* Tonkarton in Blau, Grün und Lila, 10 cm x 12 cm, und Rest in Schwarz, Rosa und Weiß
* Stickgarn in Weiß, 10 cm lang
* Alleskleber
* je 2 Wackelaugen, ca. ø 7 mm
* Bleistift
* Filz- und Glitzerstifte
* Pfeifenputzer in Braun

Vorlage: Wandtafel auf Seite 70

Papierschlange

1 Schneide aus dem orangefarbenen Tonpapier nach Vorlage den Kopf, den Schwanz und fünf gleich große Streifen aus. Aus dem roten Tonpapier ebenfalls fünf gleich große Streifen und die Zunge ausschneiden.

DU BRAUCHST:

* Tonpapier in Orange und Rot, 20 cm x 25 cm
* Bleistift
* Schere
* Alleskleber
* 2 Wackelaugen, ø 1 cm

Vorlagen: Kopf, Zunge, Schwanz und Streifen auf Seite 73

2 Nimm den Schwanz und klebe die spitz zulaufenden Enden aufeinander. Fädle den ersten roten Streifen durch und klebe ihn zu einem Ring.

3 Nun einen Streifen in Orange durch den roten Ring fädeln und zu einem Ring kleben, dann wieder einen roten und so weiter, bis du alle Streifen aufgebraucht hast.

4 Klebe die Wackelaugen und die Zunge an den Kopf. Zum Schluss den Kopf auf den letzten Ring in Orange kleben.

Geister-Girlande

1 Übertrage die Vorlage auf das Kopierpapier und schneide das Gespenst mit der Schere von außen nach innen aus.

2 Male mit dem schwarzen Filzstift zwei kleine Augen und einen großen Mund auf.

3 Für die Bäckchen etwas roten Buntstiftabrieb mit dem Finger auf die Mundwinkel reiben.

4 Stich mit der Schere oben am Kopf ein Loch in das Papier und knote ein Stück Wolle fest, damit du dein Gespenst aufhängen kannst.

DU BRAUCHST:

* Kopierpapier in Weiß, A4
* Bleistift
* Schere
* Filzstift in Schwarz
* Buntstift in Rot
* Wolle in Weiß

Vorlage: Gespenst auf Seite 77

Eierkarton-Schiff

DU BRAUCHST:

* Eierkarton mit 6 Fächern
* Schere
* Bastelfarbe in Rot und Weiß
* Pinsel
* Tonpapier in Dunkelblau, A5, und Rest in Weiß
* Motivpapier in Rot-Weiß kariert, A5
* Bleistift
* Bürolocher
* Alleskleber
* 2 dünne Zweige, 15 cm und 18 cm lang

Vorlagen: Segel, Fahne und Fisch auf Seite 72

1 Schneide den Deckel des Eierkartons und den Rand mit der Schere gerade ab.

2 Male den Eierkarton außen rot an. Nach dem Trocknen die Innenseite weiß anmalen und an der Oberkante außen einen Streifen aufmalen.

3 Die Segel, die Flagge und den Fisch mithilfe der Vorlage ausschneiden. Dann stanzt du in die Segel jeweils oben und unten ein Loch und das Fischauge aus.

4 Klebe den Fisch auf das kleine Segel. Dann fädelst du die Zweige durch die Löcher in den Segeln und klebst die Maste in die Eierkartonzapfen. Zuletzt die Flagge um den hinteren Mast kleben.

Schatzkiste

1 Schneide die Spitzen der großen Hütchen im Innern der Schachtel mit der Schere ab. Danach die unteren Enden der Hütchen an allen vier Kanten bis zum Boden einschneiden.

2 Drücke die eingeschnittenen Seiten der Hütchen flach auf den Boden und klebe sie aufeinander, sodass die zwei Öffnungen im Boden geschlossen werden.

3 Male die Schachtel außen braun und innen mit goldener Farbe an. Den Verschlussknopf malst du ebenfalls golden an. Trocknen lassen.

4 Jetzt zwei 1,5 cm breite und 20 cm lange Streifen aus der Alubastelfolie ausschneiden und die Streifen und das Schloss mit dem Permanentmarker verzieren. Klebe die Streifen um den Deckel der Schatzkiste und schneide sie bündig ab.

DU BRAUCHST:

* Eierkarton mit 6 Fächern und mittigem Verschluss an der Klappe
* Schere
* Alleskleber
* Bastelfarbe in Braun und Gold
* breiter Borstenpinsel
* Alubastelfolie in Gold, matt, ca. 20 cm x 5 cm
* Bleistift
* Lineal
* Permanentmarker in Schwarz

Tröten-Frosch

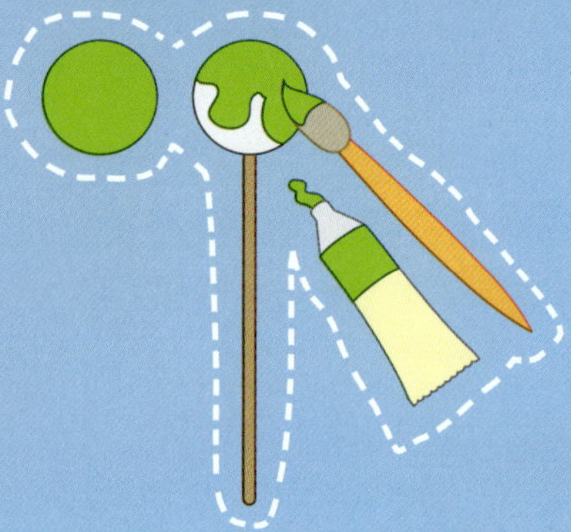

1 Male die Wattekugeln grün an und lass sie trocknen. Das gelingt am leichtesten, wenn du die Kugeln auf ein Schaschlikstäbchen spießt.

2 Schneide die Füße mithilfe der Vorlage aus. Stich an der Markierung mit der Nadel ein Loch, fädle die Pfeifenputzer hindurch und verdrehe die Enden miteinander.

3 Die Wackelaugen auf die grünen Kugeln kleben. Dann klebst du die Beine und die Augen an den Becher.

4 In den Becherboden über Kreuz zwei kleine Schlitze einschneiden und die Tröte mit dem Mundstück einstecken. Wenn du jetzt in die Tröte pustest, streckt der freche Frosch die Zunge raus!

DU BRAUCHST:

* 2 Wattekugeln in Weiß, ø 2,5 cm
* 2 Schaschlikstäbchen
* Bastelfarbe in Grün
* Pinsel
* Tonkartonrest in Grün
* Bleistift
* Schere
* Sticknadel
* Pfeifenputzer in Grün, 4x 8 cm lang
* 2 Wackelaugen, ø 1,5 cm
* Alleskleber
* Pappbecher in Grün mit Punkten
* Tröte mit Papierrüssel in Rot gemustert

Vorlagen: Vorder- und Hinterbeine auf Seite 72

TIPP

Wenn du keinen grünen Pappbecher hast, kannst du auch einen weißen Pappbecher nehmen und ihn anmalen.

1 Male einen Pappteller auf der Unterseite komplett grün an. Die Farbe gut trocknen lassen und den Teller anschließend einmal in der Mitte falten.

2 Schneide aus dem zweiten Pappteller den Kopf, den Schwanz und die Rückenzacken aus und bemale alle Teile auf beiden Seiten mit grüner Farbe.

3 Jetzt die Wäscheklammern rundum anmalen und gut trocknen lassen.

4 Die Wackelaugen aufkleben. Dann den Kopf, den Schwanz und die Rückenzacken zwischen den gefalteten Körper kleben. Als Letztes die Wäscheklammern als Beine anstecken und den Dino noch mit blauen Tupfen und Linien verzieren.

Pappteller-Dino

DU BRAUCHST:

* 2 Pappteller in Weiß, ø 23 cm
* Bastelfarbe in Grün und Hellblau
* Pinsel
* Bleistift
* Schere
* 4 Holzwäscheklammern
* 2 Wackelaugen, ø 1 cm
* Alleskleber

Vorlagen: Kopf, Schwanz und Rückenzacken auf Seite 75

Weihnachts-anhänger

1 Übertrage die Vorlage für die ganze Raute auf den weißen bzw. blauen Tonkarton und schneide sie aus.

2 Die halbe Raute mit dem Motiv auf den roten Tonkarton übertragen und ebenfalls ausschneiden.

3 Klebe die halbe Raute wie auf dem Bild zu sehen auf die große Raute.

4 Stanze oben ein Loch in deinen Aufhänger und knote ein Stück Kordel für die Aufhängung fest.

DU BRAUCHST:

* Tonkarton in Rot und Weiß oder Hellblau, A5
* Bleistift
* Schere
* Alleskleber
* Bürolocher
* Kordel in Rot-Weiß

Vorlagen: große Raute und halbe Rauten mit Muster auf Seite 74

1 Bemale deine Handflächen mit brauner Farbe und drücke sie nacheinander auf das Tonpapier, sodass sich die Abdrücke in der Mitte etwas überschneiden. Gut trocknen lassen.

2 Schneide nun zuerst den Körper und den Kopf des Rentiers aus dem braunen Tonkarton aus und dann das Geweih aus den Handabdrücken.

3 Klebe den Pompon und die Wackelaugen auf den Kopf und male mit Filzstift den Mund auf. Für die Wangen etwas Buntstiftabrieb mit dem Finger über die Mundwinkel reiben.

4 Das Geweih hinter den Kopf und vier Eisstiele als Beine hinter den Körper kleben. Den fünften Eisstiel halbieren. Eine Hälfte als Schwanz, die andere als Hals aufkleben.

Rentier

DU BRAUCHST:

* Tonpapier in Weiß, A4
* Bastelfarbe in Braun
* Pinsel
* Tonkarton in Braun, A5
* Bleistift
* Schere
* Pompon in Rot, ø 2 cm
* 2 Wackelaugen, ø 1,4 cm
* Alleskleber
* feiner Filzstift in Schwarz
* Buntstift in Rot
* 5 Eisstiele aus Holz

Vorlagen: Körper und Kopf auf Seite 70

KNÜLLEN,
REISSEN,
SCHNIPSELN

1 Reiße ein großes Ei für den Pinguinkörper und zwei Halbmonde für die Flügel aus dem schwarzen Papier aus. Zeichne dir die Formen davor mithilfe der Vorlagen an.

2 Aus dem weißen Papier reißt du nun einen kleinen Kreis für den Bauch und einen Streifen als Eisscholle aus.

3 Schneide mit der Schere zwei Dreiecke für die Füße und ein größeres für den Schnabel aus dem gelben Papier zu.

4 Klebe die einzelnen Teile zusammen und die Wackelaugen auf dem Pinguinkopf auf.

Pinguin auf Eisscholle

DU BRAUCHST:

* Kopierpapier in Schwarz, Weiß und Gelb, A4
* Bleistift
* Schere
* 2 Wackelaugen, ø 1,5 cm
* Alleskleber

Vorlagen: Körper, Flügel und Bauch auf Seite 73

Flecken-Schildkröte

1 Reiße das Transparentpapier in Stücke und klebe diese mit dem Klebestift auf die Unterseite des Tellers.

2 Schneide mithilfe der Vorlage vier Füße, den Kopf und den Schwanz aus dem Tonkarton aus.

3 Die Wackelaugen auf den Kopf kleben.

4 Zum Schluss klebst du die Füße, den Schwanz und den Kopf an den Schildkrötenkörper.

DU BRAUCHST:

* Transparentpapier in Blau, Gelb und Grün, je A4
* Klebestift
* Pappteller in Weiß, ø 23 cm
* Tonkarton in Grün, A5
* Bleistift
* Schere
* 2 Wackelaugen, ø 1,5 cm

Vorlagen: Fuß, Schwanz und Kopf auf Seite 71

Oster-Küken

DU BRAUCHST:

* Tonkarton in Gelb, A4, und Rest in Orange
* Bleistift
* Schere
* Klebestift
* 2 Wackelaugen, ø 2 cm
* Seidenpapier oder Kopierpapier in Gelb, 2x A4

Vorlagen: Körper, Füße, Kamm und Schnabel auf Seite 77

1 Übertrage die Vorlage für den Körper, die zwei Füße, den Kamm und den Schnabel auf den Tonkarton und schneide die einzelnen Teile aus.

2 Falte den Schnabel einmal in der Mitte und klebe ihn auf den Körper des Kükens.

3 Die Wackelaugen aufkleben. Die Füße und der Kamm werden von hinten angeklebt.

4 Reiße nun das gelbe Papier in Stücke, knülle sie zusammen und klebe sie dicht nebeneinander auf das Küken.

Bienenlaterne

1 Schneide das obere Ende der PET-Flasche ab und klebe Transparentpapierschnipsel mit Kleister auf die Flasche, bis alles bedeckt ist. Gut trocknen lassen.

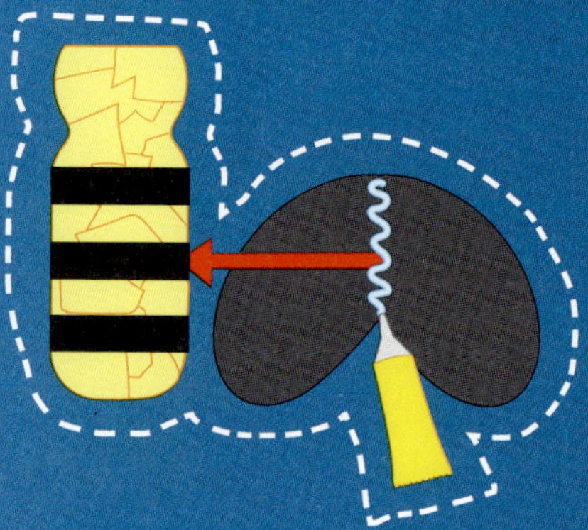

2 Schneide drei schwarze Streifen aus Tonpapier zu, die jeweils 2 cm breit und 30 cm lang sind. Klebe sie um die Flasche und die Flügel aus Tonkarton auf die Rückseite.

3 Rolle den Pfeifenputzer an beiden Enden etwas ein, knicke ihn in der Mitte und klebe die Fühler in die Flasche. Danach klebst du die Wackelaugen auf.

4 Stich an der Öffnung zwei sich gegenüberliegende Löcher in die Flasche und hänge den Laternenbügel ein. Dann kann die süße Biene am Laternenstab leuchten.

DU BRAUCHST:

* leere PET-Flasche, 1 l
* Schere
* Transparentpapier in Gelb, ca. 40 cm x 40 cm
* Tapetenkleister
* Pinsel
* Tonpapier in Schwarz, A3
* Bleistift
* Alleskleber
* Tonkarton in Schwarz, A4
* Pfeifenputzer in Gelb, 50 cm lang
* 2 Wackelaugen, ø 1,5 cm
* Stechahle
* Laternenbügel und Laternenstab mit LED-Licht

Vorlage: Flügel auf Seite 75

HINWEIS
Lass dir beim Zuschneiden der Flasche und beim Stechen der Löcher von einem Erwachsenen helfen!

DU BRAUCHST:

* Pappteller in Weiß, ø 23 cm
* Schere
* Bleistift
* Bastelfarbe in Pink
* Pinsel
* Filzstift in Schwarz
* Wackelauge, ø 1 cm
* Alleskleber
* Seidenpapier in Rosa und Pink, 50 cm x 70 cm
* Klebestift
* Pfeifenputzer in Orange, 2x 25 cm lang

Vorlage: Flamingokopf auf Seite 77

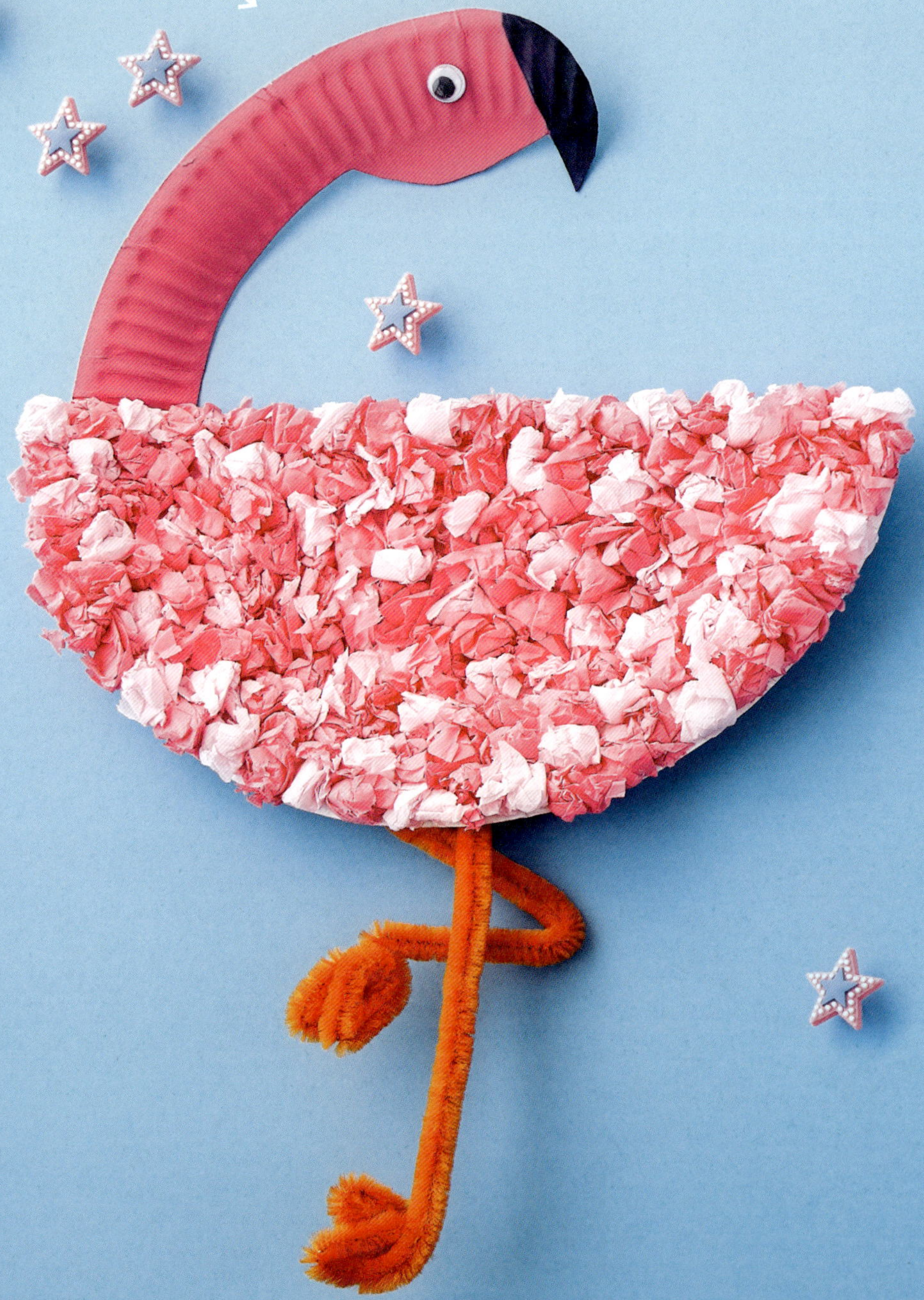

Flausch-Flamingo

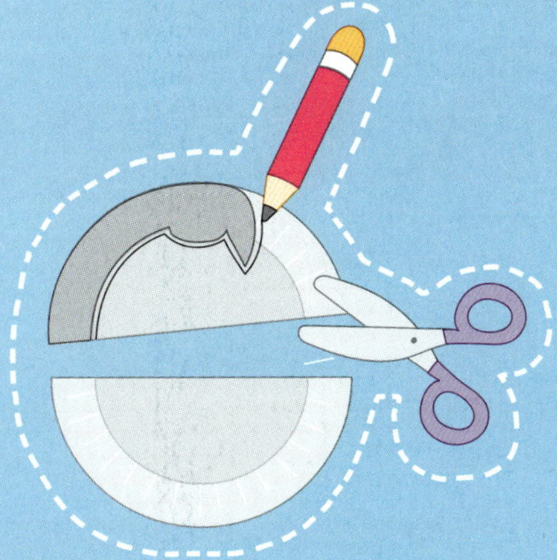

1 Schneide den Pappteller einmal in der Mitte durch. Aus dem Rand der oberen Hälfte schneidest du mithilfe der Vorlage den Kopf mit dem langen Hals aus.

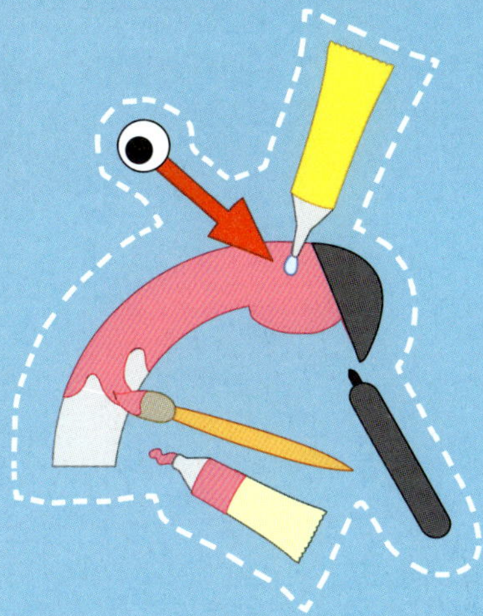

2 Male den Kopf und den Hals an. Den Schnabel malst du mit Filzstift auf. Nach dem Trocknen das Wackelauge aufkleben.

3 Reiße das Seidenpapier in Schnipsel, knülle sie zusammen und klebe sie mit dem Klebestift dicht aneinander auf den Körper.

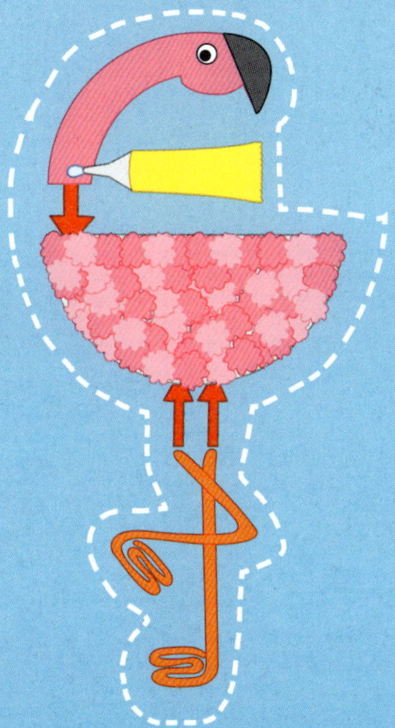

4 Klebe den Hals am Körper fest. Dann die Pfeifenputzer jeweils an einem Ende zu einem Fuß biegen und auf der Rückseite ankleben.

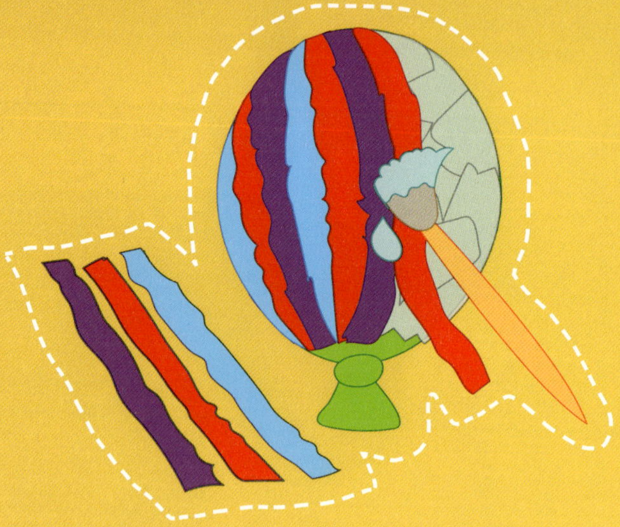

1 Reiße das Transparentpapier in Stücke. Bestreiche den Luftballon mit dem Kleister und klebe die Schnipsel deckend auf. Den unteren Bereich lässt du dabei frei. Dein Ballon sollte insgesamt drei Schichten bekommen. Alles gut trocknen lassen.

2 Das Seidenpapier in Streifen reißen und mit Kleister länglich auf den Ballon kleben. Erneut gut trocknen lassen.

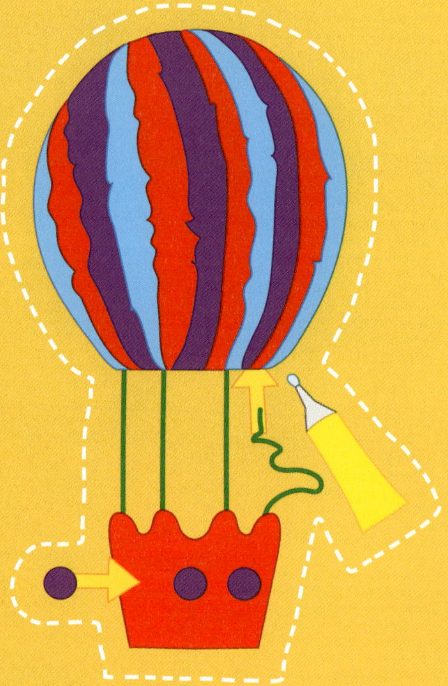

3 Lass den Luftballon platzen, entferne ihn aus dem Papierballon und schneide die Öffnung mit der Schere schön rund.

4 Hänge das Muffinförmchen als Korb unter den Heißluftballon, indem du es mithilfe der vier Wollfäden anklebst. Zuletzt die Klebepunkte aufkleben.

Heißluftballon

TIPP
Bring oben einen Faden an, damit du den Heißluftballon aufhängen kannst. Wenn du noch eine LED-Kerze in das Förmchen stellst, hast du ein schönes Schlaflicht.

DU BRAUCHST:

* Transparentpapier in Weiß, 50 cm x 70 cm
* Luftballon, aufgeblasen ca. ø 16 cm
* Tapetenkleister
* Pinsel
* Seidenpapier in Lila, Blau und Rot, 25 cm x 70 cm
* Schere
* Kronen-Muffinförmchen in Rot, ø 5 cm
* Wollfaden in Blau, 4x 10 cm lang
* Alleskleber
* Klebepunkte in Lila, ca. ø 1 cm

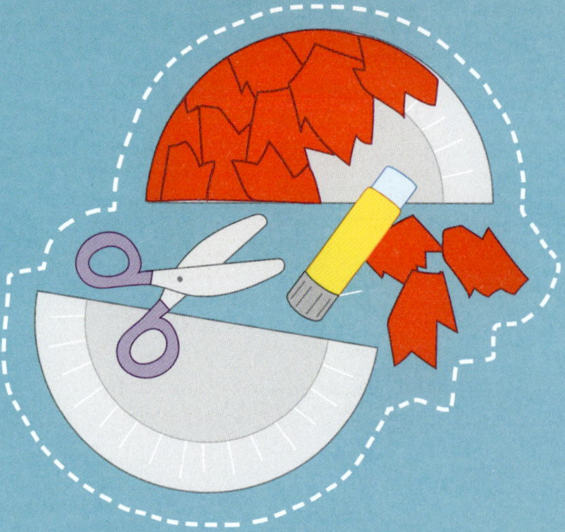

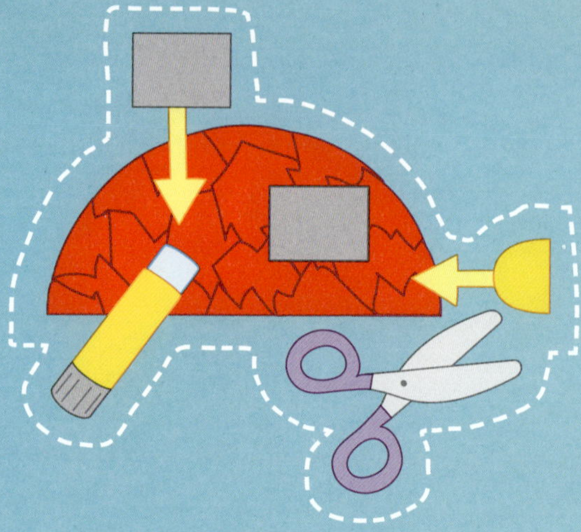

1 Schneide den Pappteller in zwei Teile und beklebe eine Hälfte mit Papierschnipseln aus Transparentpapier.

2 Schneide den Scheinwerfer und die Fenster mithilfe der Vorlage aus dem Tonpapier aus und klebe sie auf dein Auto.

Schnipsel-Autos

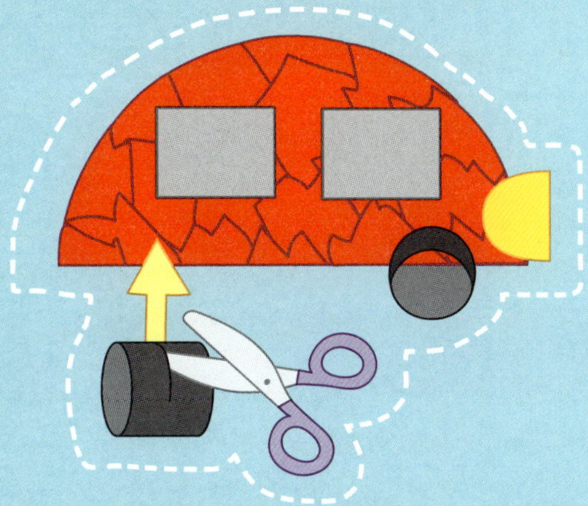

3 Für die Räder schneidest du die Klorolle in zwei gleich große Stücke und bemalst sie mit schwarzer Farbe. Trocknen lassen.

4 Schneide einen Schlitz, der etwa zur Hälfte um die Klorolle reicht, in die Mitte der Pappräder und stecke sie am Auto fest.

DU BRAUCHST:

* Pappteller, ø 23 cm
* Schere
* Transparentpapier in Rot und Blau
* Klebestift
* Tonpapierreste in Gelb und Silber
* Bleistift
* 2 Klorollen
* Acrylfarbe in Schwarz
* Pinsel

Vorlagen: Scheinwerfer und Fenster auf Seite 74

Drachen

DU BRAUCHST:

* 4 Eisstiele, 11,5 cm lang
* Bastelfarbe in Grün
* Pinsel
* Transparentpapier in Weiß, A5
* Bleistift
* Schere
* Alleskleber
* Transparentpapierreste in Lila, Gelb, Hellgrün, Grün und Blau
* Wollfaden in Grün, 30 cm lang
* Klebestift

Vorlage: Drachen auf Seite 74

1 Die Eisstiele mit der grünen Bastelfarbe anmalen und trocknen lassen.

2 Schneide den Drachen mithilfe der Vorlage aus weißem Transparentpapier aus und klebe die Eisstiele am Rand entlang fest.

3 Für die Schleifen schneidest du drei 10 cm x 7 cm große Transparentpapierstücke zu und knotest sie in gleichmäßigem Abstand an den Wollfaden.

4 Reiße die übrigen Transparentpapierreste in Schnipsel und klebe sie mit dem Klebestift auf den Drachen. Die Drachenschnur an der Rückseite festkleben.

Schneemann-Schneekugel

DU BRAUCHST:

* Pappteller in Weiß, ø 23 cm
* Bastelfarbe in Mittelblau
* Pinsel
* Bleistift
* Kopierpapier in Weiß, A5
* Klebestift
* Tonpapierrest in Schwarz und Orange
* Schere
* Filzstift in Schwarz
* 2 kleine Zweige
* Alleskleber
* Tonpapier in Silber, A5

Vorlagen: Schneemann, Standfuß, Nase und Hut auf Seite 76

1 Bemale den Pappteller mit der blauen Bastelfarbe und lass ihn gut trocknen.

2 Zeichne zwei Kreise für den Schneemann mithilfe der Vorlage in die Tellermitte und beklebe sie mit weißen Papierschnipseln. Dann klebst du noch ein paar Schnipsel als Schneeflocken in die Luft und am Boden auf.

3 Schneide den Hut und die Nase aus Tonpapier aus und klebe sie auf den Kopf. Die Augen, den Mund und die Knöpfe mit Filzstift aufmalen.

4 Klebe zum Schluss die Zweige mit Flüssigkleber als Arme auf. Anschließend den Standfuß der Schneekugel aus Tonpapier zuschneiden und von hinten an den Teller kleben.

Kerze

DU BRAUCHST:

* Tonpapier in Rot, Gelb und Hellblau, A5
* Bleistift
* Alleskleber
* Filzstift in Schwarz

Vorlagen: Kerze, Flamme und Kerzenschein auf Seite 73

1 Zeichne die Kerze mithilfe der Vorlage auf das rote Tonpapier und reiße die Form aus dem Papier aus.

2 Auf dieselbe Art und Weise auch die Kerzenflamme aus dem gelben Tonpapier ausreißen.

3 Reiße als Drittes die Form für den Kerzenschein aus dem blauen Papier entlang der aufgezeichneten Linie aus.

4 Klebe alle Teile zusammen und male mit dem schwarzen Filzstift den Docht auf.

Weihnachts-tanne

DU BRAUCHST:

* Tonkarton in Grün, A4
* Bleistift
* Schere
* Seidenpapier in Rot, Lila und Blau, A4
* Klebestift
* Klorolle
* Tonpapier in Braun, 4 cm x 16 cm

Vorlage: Tanne auf Seite 71

1. Schneide den Tannenbaum mithilfe der Vorlage aus dem grünen Tonkarton aus.

2. Für die Christbaumkugeln reißt du kleine bunte Stücke aus dem Seidenpapier, knüllst sie zusammen und klebst sie auf den Baum.

3. Schneide für den Stamm ein 4 cm breites Stück von der Klorolle ab und beklebe es mit dem braunen Tonpapier.

4. Stecke den Tannenbaum auf den Stamm, indem du zwei sich gegenüberliegende Schlitze in die Klorolle schneidest.

FALTEN

Marienkäfer

DU BRAUCHST:

* Tonkarton in Rot, 18 cm x 18 cm
* Bleistift
* Schere
* Alleskleber
* Tonkartonrest in Schwarz
* Bürolocher
* Pfeifenputzer in Schwarz, 2x 7 cm lang
* 2 Wackelaugen, ca. ø 1 cm

Vorlagen: Kreis und Marienkäferkopf auf Seite 76

1 Schneide mithilfe der Vorlage drei Kreise aus dem roten Tonkarton aus. Dann zwei Kreise mittig falten, wieder öffnen und auf der Faltlinie aufeinander kleben. Nach dem Trocknen den unteren Kreis mit der Faltlinie auf den dritten Kreis kleben.

2 Jetzt den Kopf aus schwarzem Tonkarton ausschneiden und an den Körper kleben.

3 Falte den Körper wie auf dem Bild zu sehen auseinander. Mit dem Locher schwarze Punkte ausstanzen und auf den Rücken kleben.

4 Biege die Pfeifenputzer zu Fühlern und klebe sie von unten an den Kopf. Zuletzt klebst du die Wackelaugen auf.

Vögelchen

DU BRAUCHST:

* Kopierpapier in Pink und Lila, 12 cm x 27 cm
* Lineal
* Bleistift
* Alleskleber
* 4 Wäscheklammern
* Tonpapierreste in Mintgrün
* Schere
* 2 Wackelaugen, ca. ø 2 cm
* Feder in Pink und Lila

Vorlagen: Flügel und Schnabel auf Seite 70

1 Falte das Papier zu einer 1,5 cm breiten Ziehharmonika (siehe Seite 68).

2 Knicke den gefalteten Papierstreifen einmal in der Mitte. Klappe die Enden auf und klebe jeweils den ersten und den letzten Faltabschnitt aufeinander, sodass ein Kreis entsteht. Stecke die Wäscheklammern auf, bis der Klebstoff getrocknet ist.

3 Übertrage die Vorlage für den Schnabel und für den Flügel auf das Tonpapier. Schneide die Teile aus und falte den Schnabel einmal in der Mitte.

4 Den Flügel, den Schnabel, das Wackelauge und die Feder auf den Vogel kleben.

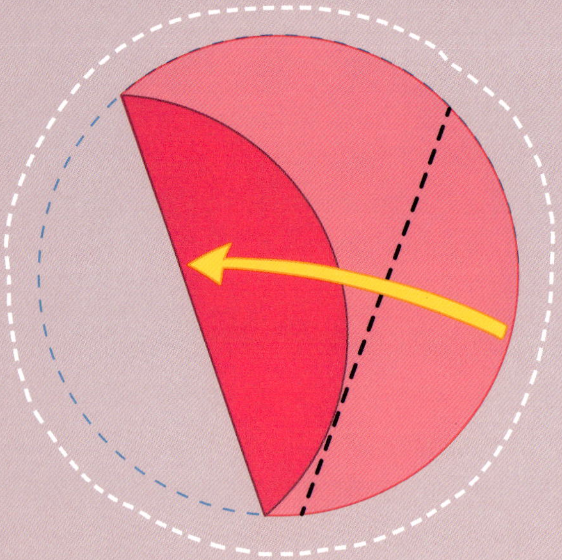

1 Schneide aus dem Tonpapier einen 21 cm großen Kreis aus. Falte die rechte und die linke Seite des Kreises zur Mitte, sodass eine Spitztüte entsteht.

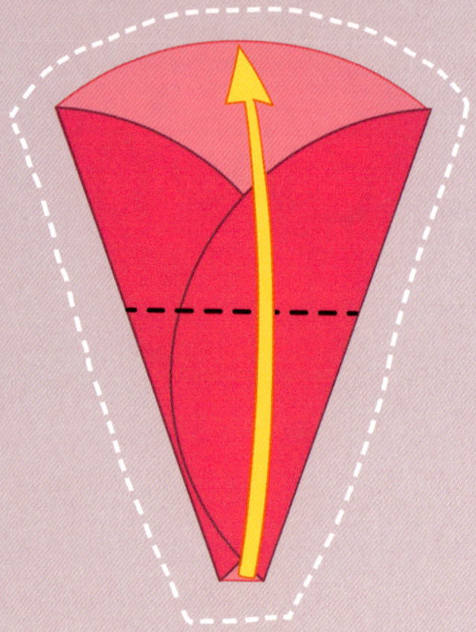

2 Falte die untere Spitze nach oben, sodass sie oben auf dem Rand der Tüte liegt.

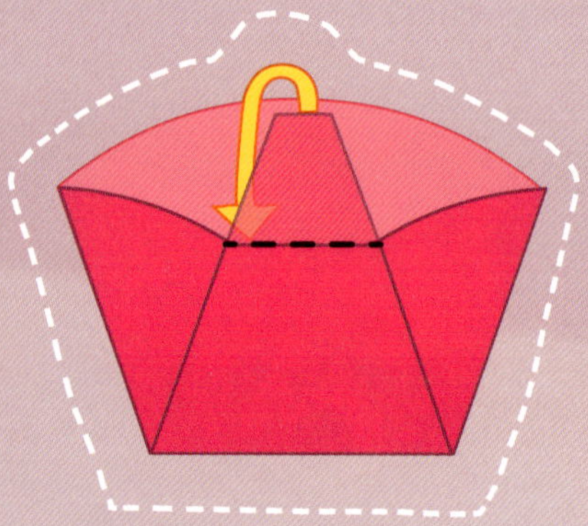

3 Schlage das obere Ende der Spitze nach unten und stecke es in das Körbchen. Die Faltkante glattstreichen.

4 Schneide mithilfe der Vorlage drei Eier aus. Verziere sie mit den Klebepunkten und lege sie mit dem Ostergras in das Körbchen.

Osterkörbchen

DU BRAUCHST:

* Tonpapier in Pink, 25 cm x 25 cm
* Bleistift
* Schere
* Tonpapierreste in Gelb, Orange und Lila
* Klebepunkte
* Ostergras

Vorlage: Ei auf Seite 71

TIPP
Lege für den Papierkreis einen Teller auf das Tonpapier. Zeichne einmal mit dem Bleistift drumrum und schneide ihn aus.

Blümchen

DU BRAUCHST:

* Tonpapier in Gelb und Lila, 4x 12 cm x 12 cm
* Schere
* Alleskleber
* Schaschlikstäbchen
* Papierrest in Lila und Gelb

Vorlage: Schnittmuster Blüte auf Seite 72

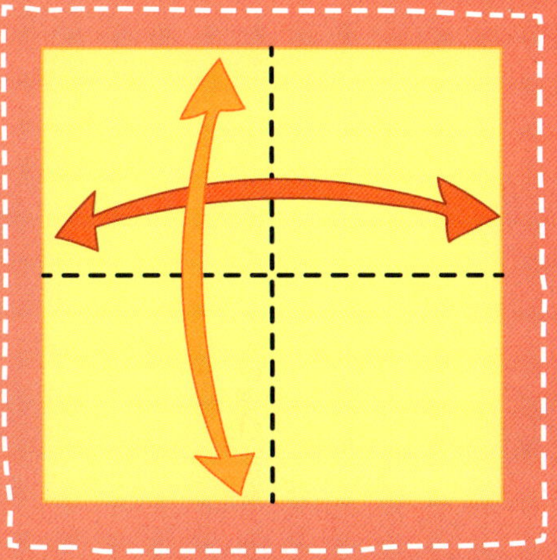

1 Lege das Papier vor dich auf den Tisch und falte die untere Kante auf die obere. Auffalten, die rechte Kante auf die linke Kante falten und erneut öffnen.

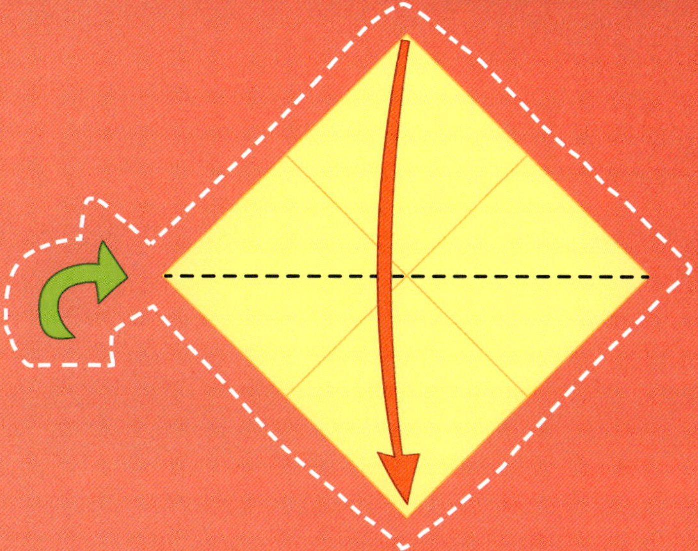

2 Drehe das Papier so, dass es mit der Spitze zu dir zeigt. Die obere Spitze auf die untere Spitze falten. Aus dem Quadrat ist nun ein Dreieck geworden.

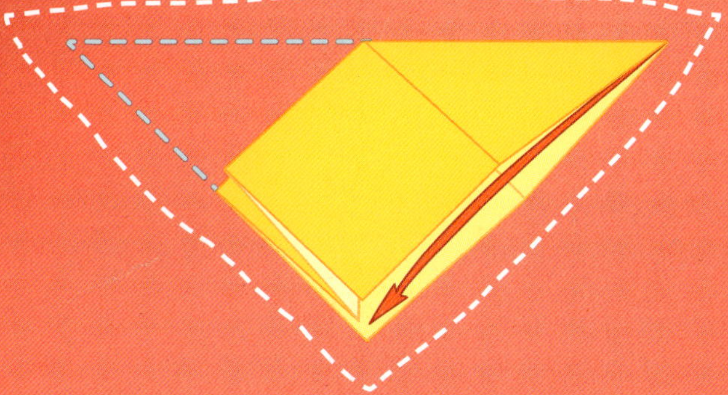

3 Nimm die linke Spitze und schlage sie nach innen zur unteren Spitze des Dreiecks ein. Mit der rechten Spitze wiederholen. Anschließend die übrigen Papiere genauso falten.

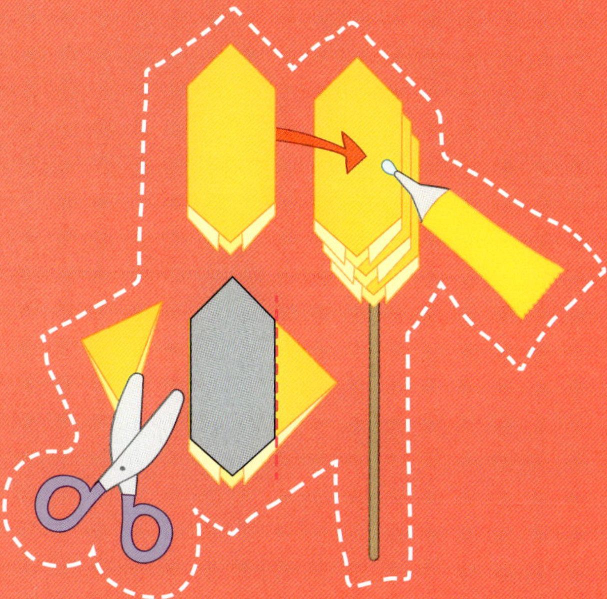

4 Schneide die Ecken mithilfe der Vorlage ab und klebe die vier Teile und das Schaschlikstäbchen aufeinander. Das Papier zur Blüte öffnen und den ersten und letzten Abschnitt zusammenkleben. Zum Schluss etwas Papier zu Kugeln knüllen und als Blumenmitte aufkleben.

1 Schneide die einzelnen Teile mithilfe der Vorlagen aus dem braunen Tonpapier aus. Klebe die Wackelaugen auf und male das Gesicht mit Filzstift auf.

2 Falte den Körper zu einer 1,5 cm breiten Zieharmonika (siehe Seite 68). Lege den Streifen zu einem Stapel zusammen und stich in der Mitte ein Loch hindurch.

3 Fädle den Körper auf das Schaschlikstäbchen. Den Kopf und die Ohren oben aufkleben.

4 Ein Ohr schräg nach unten knicken. Dann das Satinband in der ersten Falte um das Schaschlikstäbchen knoten.

Osterhase

DU BRAUCHST:

* Tonpapier in Braun, 24 cm x 15 cm
* Bleistift
* Schere
* 2 Wackelaugen, ø 8 mm
* Alleskleber
* feiner Filzstift in Schwarz
* Lineal
* Stechahle
* Schaschlikstäbchen
* Satinband in Hellgrün, 5 mm breit, 25 cm lang

Vorlagen: Körper, Ohren und Kopf auf Seite 76

HINWEIS
Lass dir beim Stechen des Lochs von einem Erwachsenen helfen.

Melonen-Fächer

1 Male an einer langen Seite des Tonpapiers einen grünen und daneben einen schmalen weißen Streifen auf. Die restliche Fläche mit braunen Punkten verzieren. Alles gut trocknen lassen.

2 Die Eisstiele rundum rot anmalen und trocknen lassen.

3 Falte das Papier von einer schmalen Seite zur anderen wie eine Ziehharmonika ca. 1,5 cm breit auf (siehe Seite 68).

4 Klebe je einen Eisstiel an den ersten und an den letzten Faltabschnitt, fächere das Papier auf und klebe sie unten zusammen.

DU BRAUCHST:

* Tonpapier in Rot, 8 cm x 21 cm
* Bastelfarbe in Rot, Grün und Braun
* Pinsel
* Gelstift in Weiß
* 2 Eisstiele, 11,5 cm lang
* Bleistift
* Lineal
* Alleskleber

Eule

DU BRAUCHST:

* Pappteller in Weiß, ø 23 cm
* Seidenpapier in Flieder und Lila, 10 cm x 20 cm
* Klebestift
* Alleskleber
* Bastelfarbe in Lila
* Pinsel
* Tonpapier in Gelb, 10 cm x 5 cm
* 2 Wackelaugen, ø 1,8 cm
* Tonpapierrest in Orange
* Bleistift
* Schere

Vorlagen: Füße und Schnabel auf Seite 72

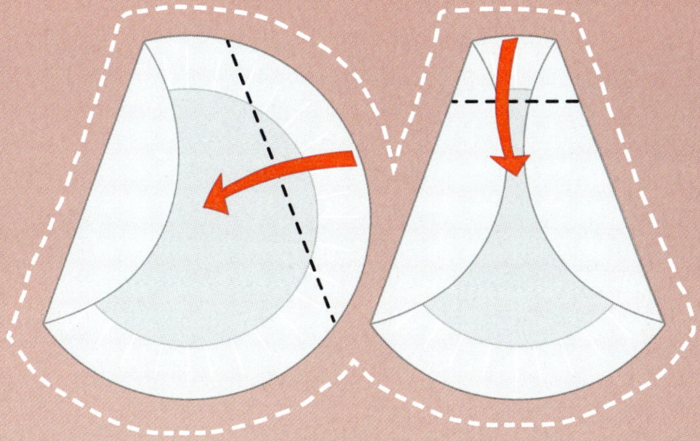

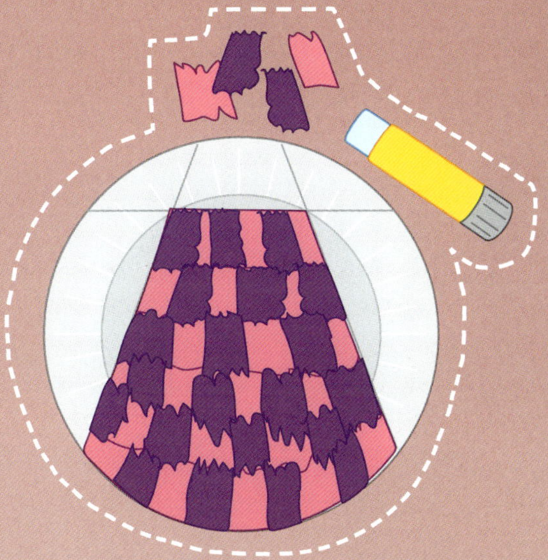

1 Für die Flügel der Eule den Pappteller rechts und links schräg nach innen falten. Dann faltest du das obere Ende für den Kopf nach unten. Alle Faltungen wieder öffnen.

2 Nun beklebst du den Bauch der Eule von unten nach oben schuppenartig mit Seidenpapierschnipseln. Verwende dazu den Klebestift.

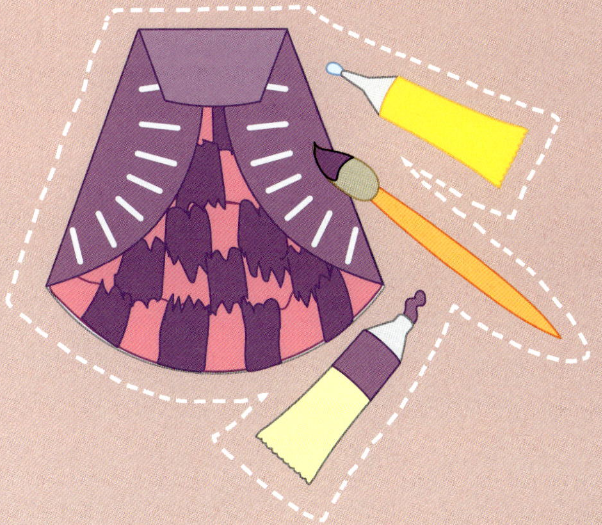

3 Falte die Flügel und den Kopf wieder nach innen und klebe sie fest. Anschließend malst du die Eule an. Gut trocknen lassen.

4 Schneide die Augen aus und klebe die Wackelaugen darauf. Den Schnabel und die Füße mithilfe der Vorlage zuschneiden und mit den Augen auf die Eule kleben.

Falt-Drache

DU BRAUCHST:

* je 2 Tonpapierstreifen in Petrol und Blau, 3 cm x 34 cm, 2,5 cm x 34 cm und 2 cm x 34 cm
* Alleskleber
* Tonpapierrest in Petrol
* Bleistift
* Schere
* Filzstifte in Rot und Blau
* 2 Wackelaugen, ⌀ 7 mm
* Krepppapierreste in Orange und Rot

Vorlage: Drachenkopf auf Seite 75

1 Falte immer einen gleich breiten Streifen in Petrol und in Blau zur Hexentreppe (siehe Seite 68).

2 Klebe die Hexentreppen zu einer Schlange zusammen, die immer dünner wird.

3 Den Tonpapierrest mittig falten, die Schablone für den Kopf mit der gestrichelten Linie am Knick anlegen und umfahren. Schneide den Kopf aus.

4 Male das Gesicht auf und klebe die Wackelaugen an. Danach befestigst du ein paar 1 cm breite Krepppapierstreifen oben zwischen dem Kopf. Falte die Klebelaschen am Kopf nach außen und klebe ihn an das dicke Ende der Hexentreppe.

Mäuschen

1 Schneide aus dem Tonkarton einen 12 cm großen Kreis zu. Falte ihn zweimal zur Hälfte, sodass ein Viertelkreis entsteht. Die letzte Faltung wieder öffnen.

2 Jetzt faltest du beide Seiten des Halbkreises zur Faltlinie in der Mitte, sodass ein neuer Viertelkreis entsteht.

3 Wende das Papier und male mit dem Filzstift ein Näschen, zwei Augen und zwei Ohren auf.

4 Klebe die äußeren Segmente aufeinander, sodass eine dreieckige Tüte entsteht, und ein Stück Wolle als Schwänzchen in die Maus.

DU BRAUCHST:

* Tonkarton in Lila, Pink und Gelb, 15 cm x 15 cm
* Bleistift
* Schere
* dünner Filzstift in Schwarz
* Alleskleber
* Wollfaden in Weiß, 10–15 cm lang

56

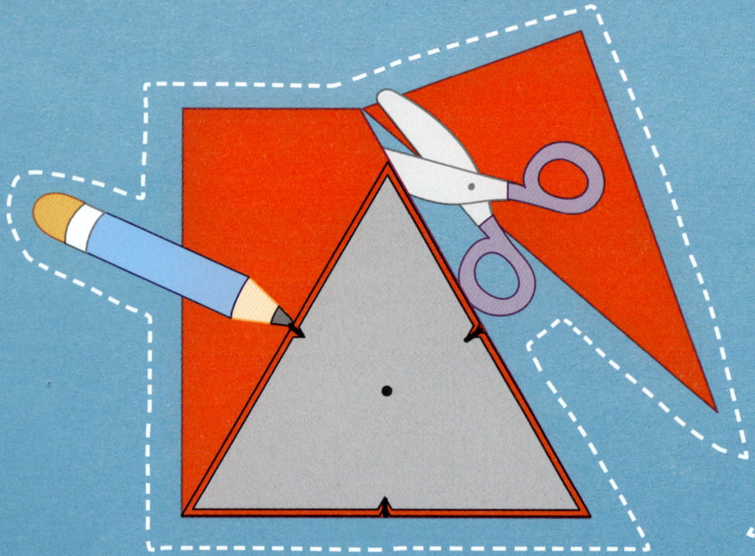

1 Übertrage die Vorlage sowie alle Markierungen auf das Papier und schneide das Dreieck aus. Drehe es um und markiere auch auf der Rückseite den Punkt in der Mitte.

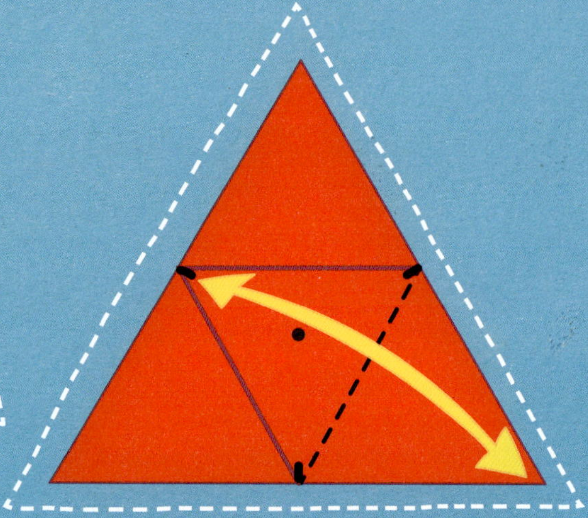

2 Falte nacheinander die Spitzen des Dreiecks zur Markierung auf der gegenüberliegenden Seite und öffne sie wieder.

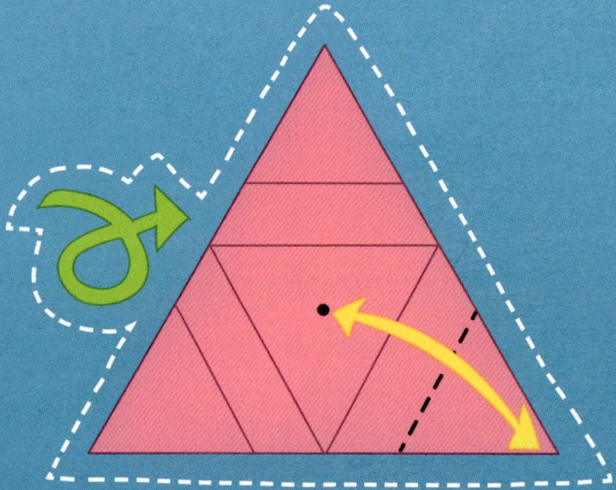

3 Wende das Papier, falte die Spitzen zur Markierung in der Dreiecksmitte und öffne sie erneut.

4 Drehe das Papier noch einmal um, falte die Spitzen nacheinander an den Faltkanten nach innen und stecke die letzte Spitze unter der ersten ein.

Sternchen

DU BRAUCHST:

* Origamipapier, 15 cm x 15 cm
* Bleistift
* Schere

Vorlage: Dreieck auf Seite 72

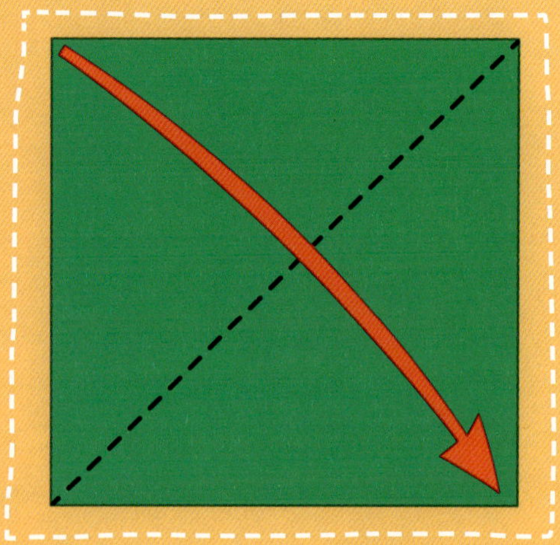

1 Falte das Papier, indem du die obere linke Spitze nach unten rechts auf die Spitze legst.

2 Zeichne 5 mm von der Faltkante entfernt eine Linie an und schneide das Papier bis zu dieser Linie in ca. 2,5 cm breite Streifen. Das letzte Stück an der Spitze schneidest du ab.

3 Öffne das Papier, lege immer einen Streifen von rechts und einen Streifen von links zur Mitte und klebe sie dort fest.

4 Den Stern mithilfe der Vorlage ausschneiden und auf die Spitze des Tannenbaums kleben.

Festtagsbaum

DU BRAUCHST:

* Origamipapier in Grün, 15 cm x 15 cm
* Lineal
* Bleistift
* Schere
* Alleskleber
* Tonpapierrest in Gelb oder Pink

Vorlage: Stern auf Seite 73

Weihnachtsmann

DU BRAUCHST:

* Pappteller in Weiß, ø 23 cm
* Alleskleber
* Tonpapier in Rot, 20 cm x 24 cm
* Bleistift
* Schere
* Papier in Hautfarbe, 16 cm x 6 cm
* Pompon in Rot und Weiß, ø 2 cm
* 2 Wackelaugen, ø 1 cm
* dünner Filzstift in Schwarz

Vorlagen: Zipfelmütze und Gesicht auf Seite 76

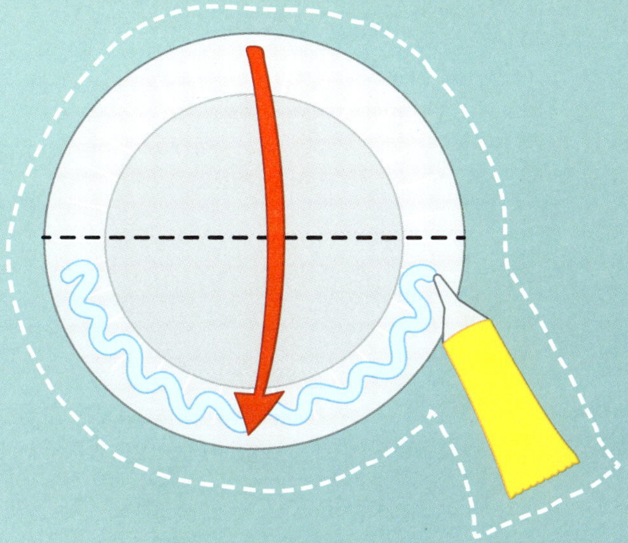

1 Falte den Pappteller einmal in der Mitte und klebe beide Hälften am Rand aufeinander.

2 Schneide die rote Zipfelmütze aus dem Tonpapier aus. Falte die Krempe unten einige Zentimeter breit nach oben und knicke die Hutspitze schräg nach unten.

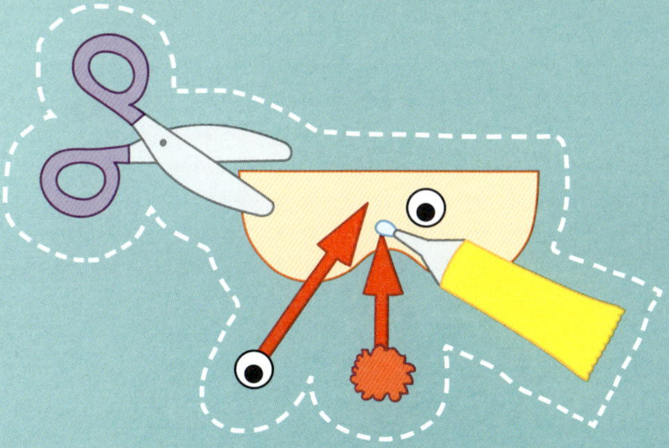

3 Jetzt das Gesicht mithilfe der Vorlage zuschneiden, dann die rote Pomponnase und die Wackelaugen aufkleben.

4 Das Gesicht und die Zipfelmütze auf den gefalteten Pappteller und den weißen Pompon auf die Hutspitze kleben. Als Letztes den Mund aufmalen.

Basteln mit Kindern

Basteln tut gut. Es fördert die Kreativität, die Fingerfertigkeit, die Ausdauer und die Konzentrationsfähigkeit, die Hand-Augen-Koordination und das räumliche Vorstellungsvermögen. Und das alles ganz nebenbei, während gemalt, geschnitten, geklebt, geknüllt oder mit Wolle hantiert wird. Bei all diesen Tätigkeiten erforschen Kinder ihre Fähigkeiten und lernen dazu. Das Schönste ist aber, wenn ein Kind sein Werk präsentiert und stolz sagt: „Das hab ich gemacht!“ In diesem Moment wird sichtbar, dass Basteln nicht nur vielfältig fördert, sondern vor allem auch glücklich macht.

Basteln macht Spaß. Darauf kommt es mir ganz besonders an. Wenn ich zusammen mit meinen Kindern bastle, halte ich mir diesen Satz immer wieder vor Augen. Denn allzu schnell verfalle ich in meinen erwachsenen Perfektionsdrang und meine, dass alles so gemacht werden muss, wie ich es mir vorstelle. Denkste. Kinder haben ihre eigenen Ideen. Und sie entwickeln mit ihrem natürlichen Forschergeist durch Versuch und Irrtum eigene Lösungswege. Und das ist auch gut so. Nur für mich ist das oft ein Problem. Manchmal fehlt mir einfach die Geduld, mit meinen Kindern auf

Basteln mit Kindern – ein paar Leitgedanken

* Basteln macht Spaß
* den Forscherdrang der Kinder unterstützen
* die eigene Erwartungshaltung hinterfragen
* Raum für Kreativität und eigene Ideen geben
* geeignete Bastelarbeiten auswählen
* nicht überfordern
* zum Selbermachen ermutigen
* Anregungen und Hilfestellungen geben
* Misserfolge locker nehmen: Der Weg ist das Ziel!

Forschungsexpedition zu gehen, während ich doch längst weiß, wie es richtig gemacht wird, wie wir ohne Umwege das Ziel erreichen. Aber beim Basteln mit Kindern geht es nicht um mich. Das Ergebnis muss nicht in meinen Augen spektakulär sein, sondern in denen der Kinder.

Erwartungsdruck hemmt Kinder und schränkt ihren Entfaltungsspielraum ein. Jedes Kind hat unterschiedliche Fähigkeiten - abhängig von seinem Alter und seiner individuellen Veranlagung. Das ist nicht weiter schlimm, denn durch das spielerische Lernen beim Basteln werden die Fähigkeiten ja weiter gefördert und verfeinert. Allerdings berücksichtige ich dies bei der Wahl der Bastelarbeit. Ein Kind, das überfordert wird, verliert schnell den Spaß am Basteln. Darum versuche ich, das Ziel so zu setzen, dass es auch erreicht werden kann. Und ich passe meine Erwartungen an, je nachdem ob ich gerade mit meinem fünfjährigen oder meinem zweijährigen Sohn bastle.

Ich ermutige meine Kinder, alles alleine zu machen, wozu sie schon in der Lage sind. Und natürlich unterstütze ich sie, wo noch Hilfe notwendig ist. Oft bastle ich auch mit, wobei ich ein Vorbild sein möchte und kein erwachsener Schlaumeier, der alles besser weiß und besser kann. Damit habe ich bereits meine Erfahrungen gemacht (siehe Kasten). Oft bin ich einfach nur da, um Anregungen zu geben - und um zu staunen, auf welche Ideen und Lösungen meine Kinder kommen.
Oder eben auch nicht: Manchmal regiert der Frust am Basteltisch! Doch auch das ist nicht weiter schlimm. Misserfolge gehören dazu. Wichtig ist nur, dass man sich davon nicht entmutigen lässt. Vielleicht hilft ja eine Auszeit? Basteln ist durchaus anstrengend.
Wenn ein Kind keine Lust mehr hat, lege ich eine Bastelpause ein. Das machen wir beim Wandern ja auch. Und wie wäre es mit einer kleinen Stärkung zwischendurch? Wenn genug für heute gebastelt ist, machen wir einfach an einem anderen Tag weiter. Und wenn das Bastelwerk seinem Urheber ganz und gar nicht gefallen mag, versuche ich trotzdem etwas Gutes daran zu finden. Und dann lassen wir es ganz schnell verschwinden!

ich mag Nicht mehr ...

Es war Weihnachtszeit und mein Großer und ich haben das erste Mal gemeinsam Plätzchen gebacken. Da war er knapp zweieinhalb und ich habe mich riesig auf diesen Moment gefreut. Doch plötzlich stand mein Sohn auf, sagte: „Ich mag nicht mehr" und ging davon. Was war passiert? Ich hatte ihm die ganze Zeit Anweisungen diktiert und ihn belehrt: „Nicht zu dünn ausrollen!", „Lass mich das machen!", „Setz die Ausstechformen doch enger zusammen!". Mir wurde klar, dass Kinder viele Dinge einfach anders machen als wir Erwachsenen, und dass es falsch ist, unsere eigenen Ansprüche auf sie zu übertragen. Kinderplätzchen sehen eben anders aus. Lecker sind sie trotzdem!

Gute Vorbereitung ist alles

Beim Basteln kann schnell mal ein Malheur mit Farbe und Klebstoff passieren. Damit das gemeinsame Basteln entspannt abläuft, können ein paar Vorkehrungen getroffen werden:

Zum Schutz der Kleidung ist es empfehlenswert, eine Bastelschürze oder alte Kleidung anzuziehen. Den Tisch und den Boden am besten mit Wachstischtuch, Folie oder Zeitung abdecken, damit nichts beschmiert wird. Zudem sollten empfindliche Gegenstände aus dem Bastelbereich entfernt werden.

Damit die Kinder nicht mit feuchter Farbe oder Klebstoff an den Händen durch die Wohnung laufen, lege ich vor dem Basteln alle Hilfsmittel und Werkzeuge, die wir für unser Bastelprojekt brauchen, bereit. So muss keiner zwischendurch aufstehen und die Bastelschere aus der Schublade holen. Und wenn doch, dann gibt es am Basteltisch immer ein feuchtes Tuch, mit dem die Hände abgewischt werden können.

Hilfreich ist auch ein griffbereites altes Tuch, mit dem Überschwemmungen auf dem Basteltisch blitzschnell trockengelegt werden können. Und an ganz wilden Basteltagen gibt es sogar eine Fußkontrolle: Jeder, der den geschützten Bastelbereich verlassen will, muss dann erst seine Fußsohlen vorzeigen. Nicht selten verstecken sich dort nämlich wahre Farbmonster, die nur darauf warten, ihre Spuren in der ganzen Wohnung hinterlassen zu können.

Doch irgendwann ist auch die schönste Bastelzeit zu Ende. Dann heißt es im Gänsemarsch ab ins Bad und raus aus den schmutzigen Kleidern. Die Klamotten kommen in die Wäsche, die Kinder – je nach Bedarf – ans Waschbecken oder in die Wanne. Ich lege am Waschbecken immer dunkle Handtücher bereit, die weniger empfindlich sind, und ein Handtuch kommt auf den Boden, um die hellen Fliesenfugen vor herabtropfendem Farbwasser zu schützen. So hat unsere Bastelzeit garantiert ein Happy End.

Experten-Tipps

Klebstoffflecken entfernen
Klebstoff auf der Kleidung bleibt beim Basteln mit Kindern nicht aus. Wenn es darum geht, die Flecken wieder rauszubekommen, haben lösungsmittelfreie Klebstoffe die Nase vorn. Sie lassen sich einfach auswaschen. Bei herkömmlichen Allesklebern hilft hingegen nur der Griff zum Spezial-Fleckentferner. Noch frische Flecken lassen sich je nach Klebstoff außerdem mit Alkohol (Spiritus) entfernen. Trockenem Klebstoff kann man auch mit Aceton, Nitroverdünner oder Ethylacetat auf den Leib rücken. Davor unbedingt immer eine Farbprobe an einer verdeckten Stelle machen!

Farbflecken entfernen
Ich achte darauf, dass ich nur Filzstifte und flüssige Farben verwende, die wasserlöslich sind. Diese Farben lassen sich aus der Kleidung auswaschen und gehen auch von der Haut wieder rückstandslos ab. Trotzdem: Die Flecken immer kurz von Hand auswaschen, solange die Farbe noch feucht ist. Bei starker Verschmutzung die Kleidung außerdem vor dem Waschen z. B. mit Gallseife vorbehandeln. Bei wasserfesten Farben, z. B. Gelstiften, achte ich darauf, dass die Kinder sie nicht unbeaufsichtigt in die Hände bekommen.

Nützliche Helfer
Wäscheklammern leisten beim Zusammenkleben von Papier und Pappe gute Dienste. Mit ihnen lässt sich die Klebestelle fixieren, bis der Klebstoff getrocknet ist, und die Hände sind währenddessen frei für neue Taten.

Löcher stopfen
Ein kurzes Schnipp-Schnapp und schon ist das Loch im Pulli drin. Die ganz kleinen Bastler müssen den richtigen Umgang mit der Schere meist noch lernen. Und bis dahin wird fleißig experimentiert – mit allen Nebenwirkungen. Doch keine Panik. Nicht jedes Loch ruiniert gleich das ganze Kleidungsstück. Oft lassen sich die Löcher unter einer dekorativen Stoff-Applikation wie z. B. einem Herz, einem Stern oder einem Schmetterling verstecken.

Grundausstattung

Für das Basteln mit Kindern braucht es nicht viel: Schere, Klebstoff, Bleistift und Radiergummi, fertig ist die Grundausstattung. Die Schere sollte kindgerecht sein und abgerundete Spitzen haben. Beim Kleben ist bei Kindern meist Klotzen statt Kleckern angesagt. Daher empfehle ich herkömmlichen Alleskleber in der Flasche oder in der tropffreien Plastiktube. Herkömmlicher Alleskleber wellt das Papier nicht und wird schnell fest. Das garantiert auch bei dick aufgetragenem Klebstoff schöne Ergebnisse und keine Unterbrechungen durch lange Wartezeiten. Er hat jedoch den Nachteil, dass er nicht auswaschbar ist und Lösungsmittel enthält. Wem diese Punkte wichtig sind, der sollte entsprechende Klebstoffe ohne Lösungsmittel verwenden.

Bastelbasics

Vorlagen übertragen

Es gibt viele Möglichkeiten, Vorlagenzeichnungen auf Papier oder andere Materialien zu übertragen. Für kleine Kinder finde ich die Schablonenmethode jedoch am besten.
Und so geht's:

1 Eine Fotokopie der Vorlagenzeichnung machen, grob ausschneiden und auf dünne Pappe aufkleben.

2 Schneide die Vorlagenzeichnung sauber und exakt aus. Fertig ist die Schablone.

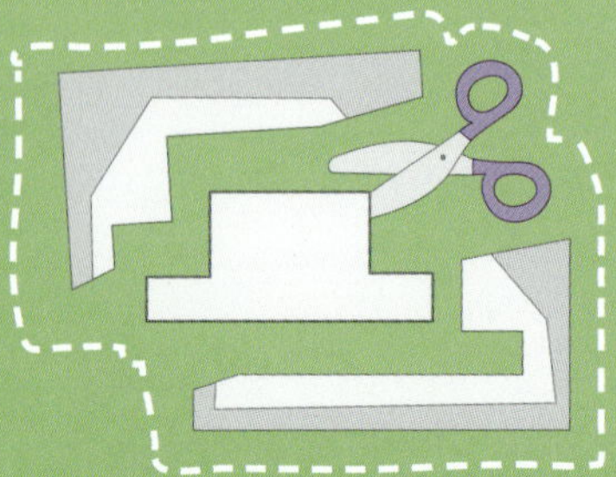

3 Lege die Schablone auf das gewünschte Material, halte sie mit einer Hand fest und umfahre sie mit der anderen Hand mit dem Bleistift.

4 Nimm die Schablone ab, schneide das Motiv aus und male es an oder bearbeite es wie in der Anleitung beschrieben weiter.

Hinweis: Die Vorlagenzeichnungen in diesem Buch sind für die Schablonenmethode optimiert. Die Innenlinien sind so gezeichnet, dass sie als schmale Schlitze ausgeschnitten werden können, in die man beim Umzeichnen der Schablone mit dem Stift fahren kann.

Basteln mit Papier und Co.

Das Papieruniversum ist unermesslich. Festes **Kopierpapier** mit einer Grammatur von 100 g/qm, **Tonpapier** mit einer Grammatur von 130 g/qm und **Tonkarton** mit einer Grammatur von 220 g/qm sind am besten für das Basteln mit Kindern geeignet. Sie lassen sich gut reißen, schneiden, falten und stanzen und sind vielseitig verwendbar. Zum Kleben eignen sich Klebestifte, Flüssig-kleber oder doppelseitiges Klebeband.

Mit **Seidenpapier** lassen sich besonders schöne Werke in der Knülltechnik schaffen. Es ist sehr weich und lässt sich ohne Anstrengung in den Händen zu kleinen Kügelchen formen. Da Seidenpapier abfärbt, wenn es feucht wird, sollte zum Kleben am besten ein Klebestift verwendet werden.

Krepppapier eignet sich besonders für Papierbänder. Es ist dehnbar und reißt nicht so schnell. Krepppapier reagiert empfindlich auf Feuchtigkeit und reißt dann leicht und färbt ab. Zum Kleben deshalb am besten einen Klebestift verwenden.

Origamipapier ist mit 65–80 g/qm relativ dünn und lässt sich daher gut falten, ohne dass die Faltarbeit zu knubbelig wird. Als Ersatz eignet sich buntes Kopierpapier mit einer Grammatur von 80 g/qm. Wenn als Ausgangsform ein Kreis oder ein Quadrat benötigt wird, sparen Sie sich beim Origamipapier allerdings das Zuschneiden. Zum Kleben eignen sich Klebestift und Flüssigkleber gleichermaßen.

Transparentpapier bzw. Drachenpapier ist besonders leicht und robust und hat intensive Farben, die auch bei Feuchtigkeit nicht abfärben. Es kann daher mit allen Klebstoffarten verarbeitet werden - auch mit dick aufgetragenem Kleister. Daher eignet es sich wunderbar zum Kaschieren von Flaschen und Luftballons.

TIPPS: Auch Klorollen, Pappteller und Pappbecher sind ein wunderbares Ausgangsmaterial, aus welchem einzigartige Bastelwerke entstehen können. Es lohnt sich, hier immer einen kleinen Vorrat zu Hause zu haben.

Papier schneiden

Der Umgang mit der Schere will geübt sein. Das Schneiden haben die Kleinen meist schnell raus, aber bis zum perfekten Schnitt dauert es noch seine Zeit. Bis dahin darf man einfach keine Wunder erwarten. Meist gelingen kurze gerade Schnitte am Anfang leichter. Das kann bei der Modellwahl gut berücksichtigt werden. Rundungen, Kurven und Kreise sind für Kinder besonders knifflig. Für kleine Kreise empfehle ich daher Kreisstanzer. Das Stanzen macht den kleinen Bastlern nicht nur großen Spaß, sie erhalten auch perfekte Ergebnisse. Bei großen Kreisen kommt man dagegen nicht um das Schneiden mit der Schere herum. Nicht wundern, wenn der Kreis anfangs noch wie ein Vieleck aussieht!

TIPP: Zum Anzeichnen der Kreislinie verwendet man am besten runde Gegenstände wie Pappdosen, Gläser, Tassen oder Schüsseln. Pappteller, Tortenunterlagen aus Pappe, runde Faltpapiere oder Bierdeckel sind oftmals auch eine gute Idee, wenn man mit runden Formen basteln möchte.

Papier falten

Hexentreppe falten

Dazu werden zwei gleich breite Papierstreifen benötigt, hier ein blauer und ein grüner.

1 Klebe den grünen Streifen an einem Ende im rechten Winkel auf den blauen (siehe Abbildung).

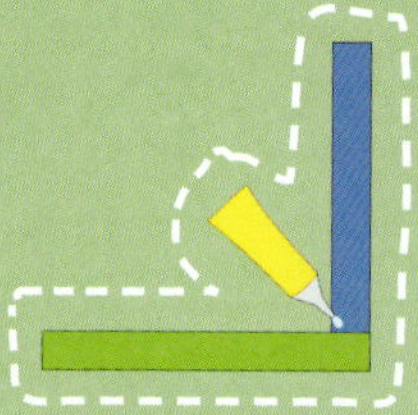

2 Falte den unteren, blauen Streifen über den grünen. Jetzt liegt der grüne Streifen unten.

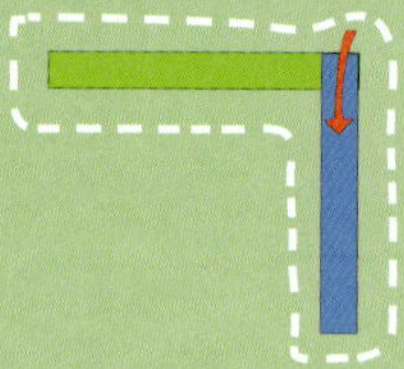

3 Falte den grünen Streifen über den blauen.

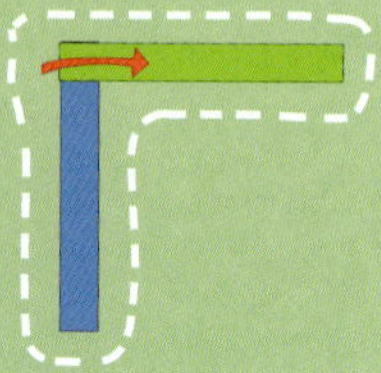

4 Nimm wieder den blauen Streifen und falte ihn über den grünen.

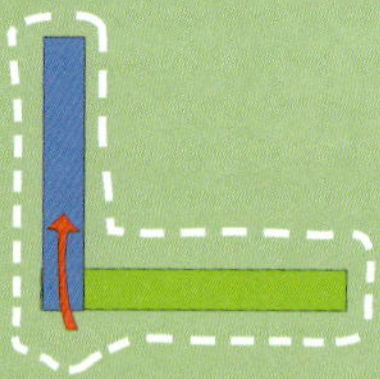

5 Mach so weiter und falte die beiden Streifen immer abwechselnd übereinander, bis die Hexentreppe fertig ist. Zum Abschluss den letzten und den vorletzten Faltabschnitt der Hexentreppe aufeinanderkleben und ggf. das überstehende Ende des letzten Faltabschnitts abschneiden.

Ziehharmonika-Faltung

Bei dieser Falttechnik wird das Papier abwechselnd in gleichmäßigen Abständen nach vorne und nach hinten gefaltet. Es gibt eine Reihe von Techniken, die das exakte Falten erleichtern. Für kleine Kinder ist es jedoch am einfachsten, wenn nur der erste Faltabschnitt angezeichnet wird, damit die Breite der Faltung vorgegeben ist. Die restlichen Faltungen werden dann frei ausgeführt.

1 Lege das zugeschnittene Papier der Länge nach auf den Tisch und zeichne am unteren Ende mit einer Linie die Breite der Falten an.

2 Das Papier wenden und das untere Ende an der angezeichneten Linie nach oben falten.

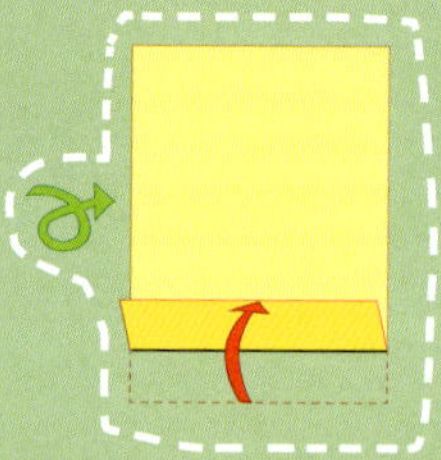

3 Drehe das Papier erneut um und falte es in der Breite des zuvor gefalteten Streifens nach oben. Wiederhole Schritt 2 und 3 so lange, bis du das obere Papierende erreicht hast.

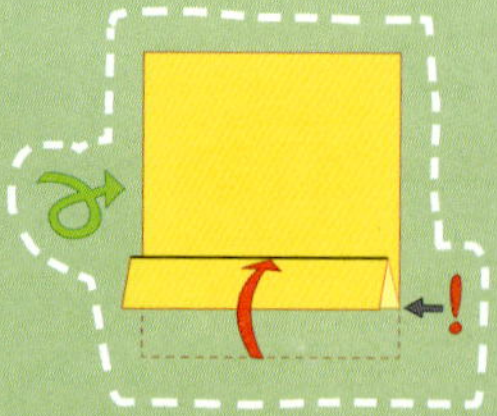

4 Das gesamte Papier ist nun wie eine Ziehharmonika abwechselnd nach vorn und nach hinten gefaltet.

Prickeln

Innenschnitte sind für kleine Kinder sehr schwer zu bewerkstelligen. Leichter gelingt es, wenn die Formen stattdessen geprickelt werden. Dazu werden eine dicke Filzplatte als Unterlage und eine Prickelnadel benötigt. Mit der Nadel wird der Umriss der Form perforiert, sodass sie anschließend einfach herausgetrennt werden kann.

1 Zeichne die Form mithilfe der Vorlage auf das Papier.

2 Lege eine Filzplatte unter das Papier und stich mit der Prickelnadel die angezeichnete Linie nach.

3 Dann trennst du die Form aus dem Papier heraus.

Gegenstände kaschieren

Flaschen oder Luftballons können als Formgeber dienen, die mit Papierschnipseln beklebt werden. Während Flaschen im Bastelwerk verbleiben, werden Luftballons anschließend entfernt, sodass eine luftig-leichte Form aus Papier entsteht. Zum Kaschieren braucht man eine ordentliche Portion Kleister, einen Pinsel und dünnes Transparentpapier.

1 Reiße das Transparentpapier in kleine Stücke. Bepinsle den Luftballon oder die Flasche reichlich mit Kleister und lege die Transparentpapierstücke auf. Damit alles gut haftet, streichst du danach noch einmal mit dem Pinsel darüber.

2 Klebe eine zweite Schicht Schnipsel auf, sodass alles bedeckt ist und keine Lücke mehr zu sehen ist. Beachte: Wenn du eine Flasche beklebst, ist dein Werk nun fertig, da die Flasche als Formgeber im Bastelwerk verbleibt. Wenn du einen Luftballon kaschierst, wiederholst du Schritt 1 und 2 noch zweimal, damit eine feste Papierform entsteht. Gut durchtrocknen lassen.

3 Den Luftballon mit der Schere aufschneiden und vorsichtig aus dem Inneren der Papierkugel entfernen. Anschließend den Rand mit der Schere sauber nachschneiden.

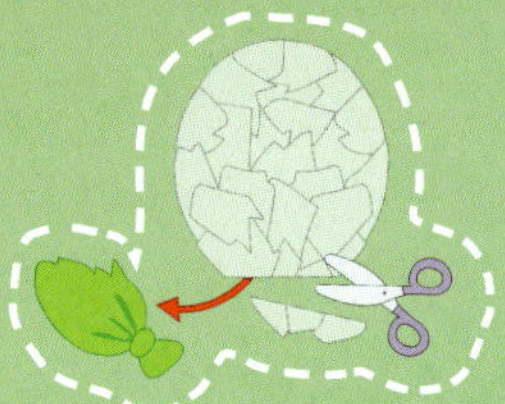

VORLAGEN

Rentier
Seite 23

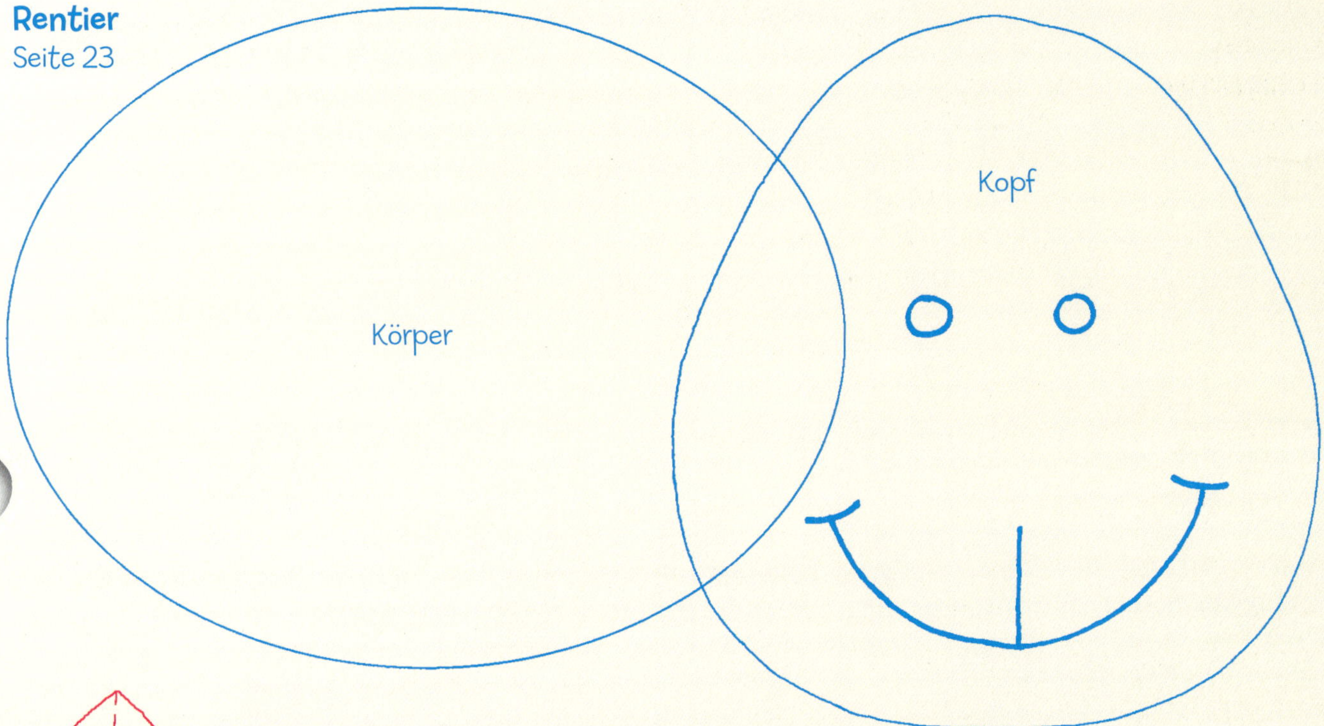

Vögelchen
Seite 45

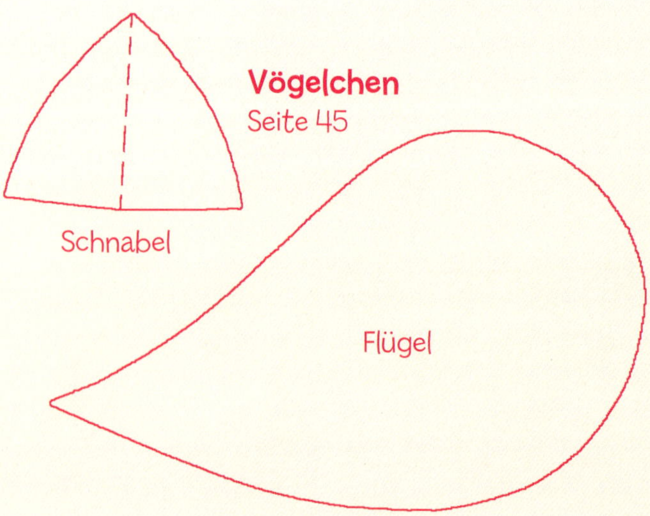

Waldtiere
Seite 12/13

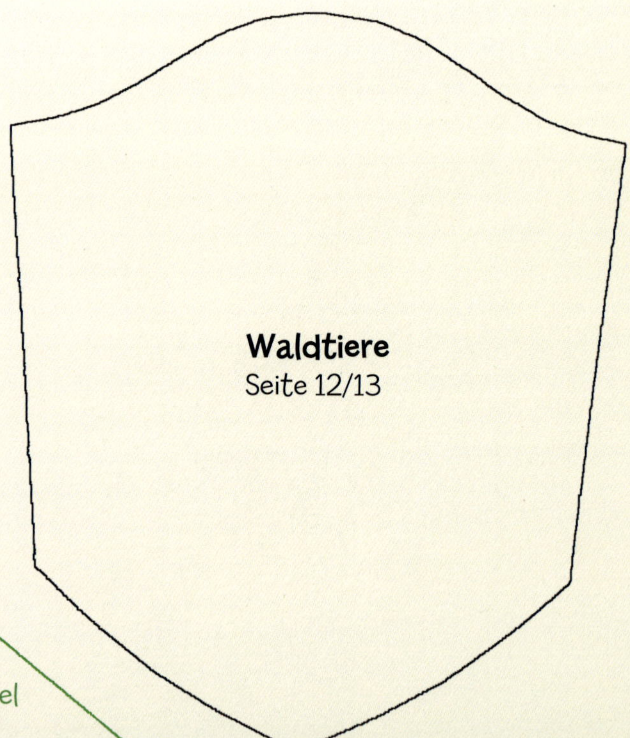

Vogeldrachen
Seite 10/11

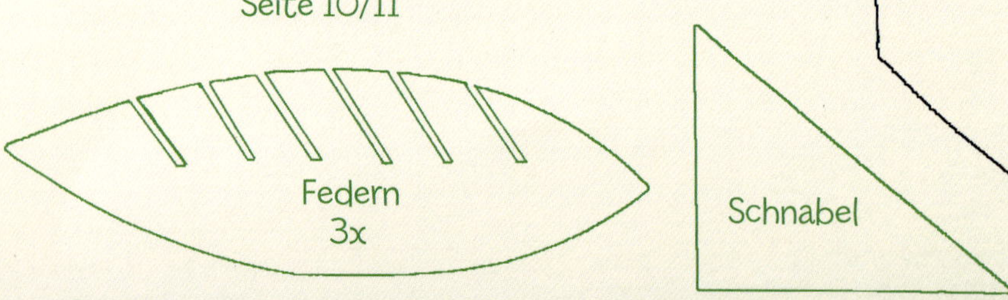

Flecken-Schildkröte
Seite 28

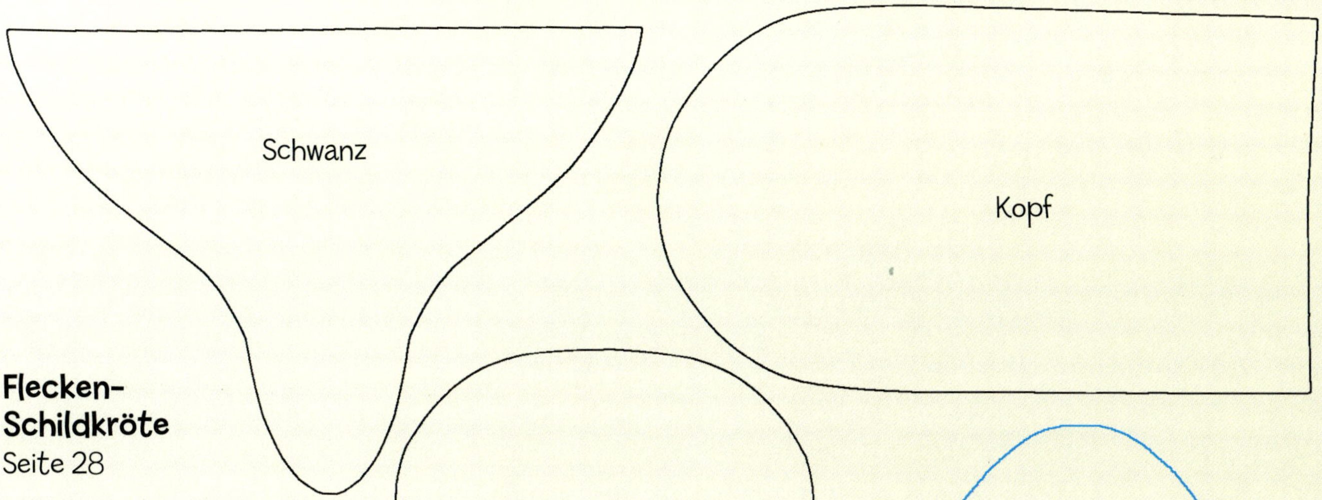

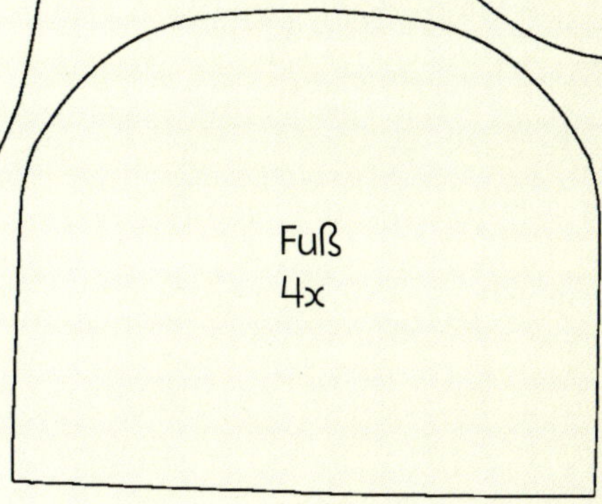

Osterkörbchen
Seite 46/47

Weihnachtstanne
Seite 41

Bitte auf 200 % vergrößern

Einhorn-Handpuppe
Seite 6

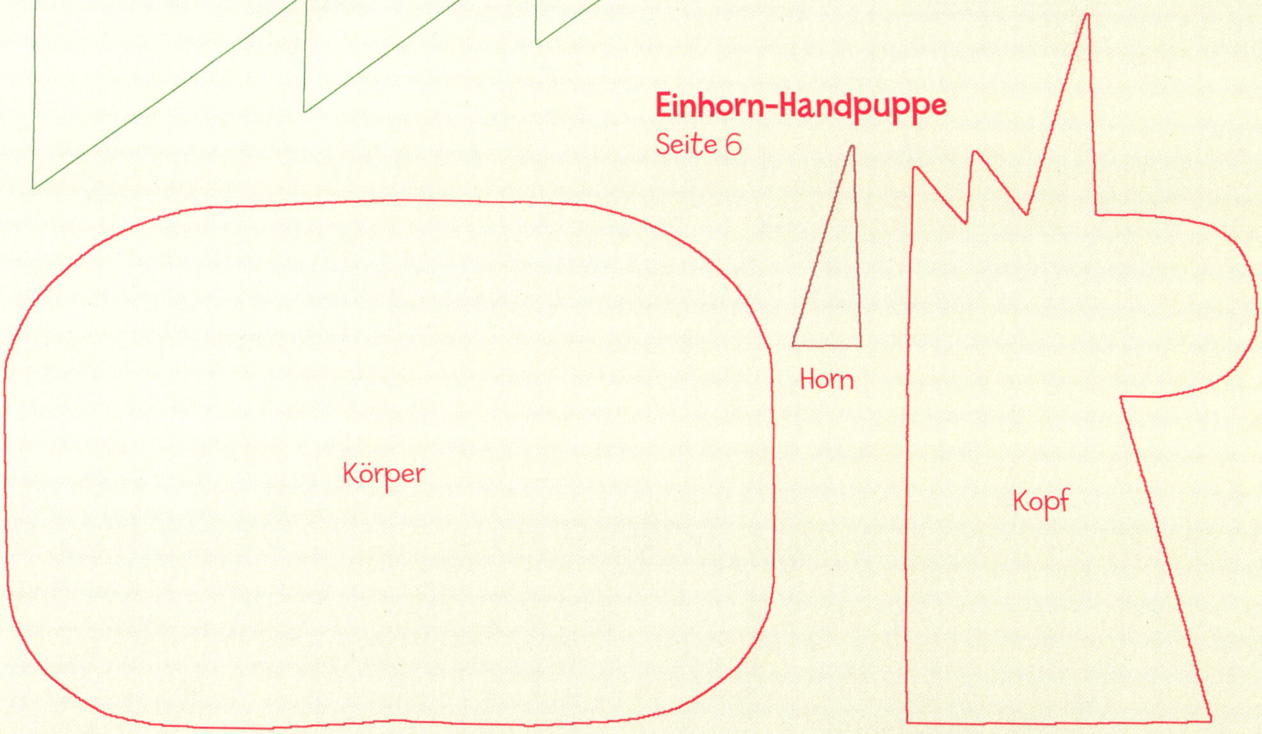

Tröten-Frosch
Seite 18/19

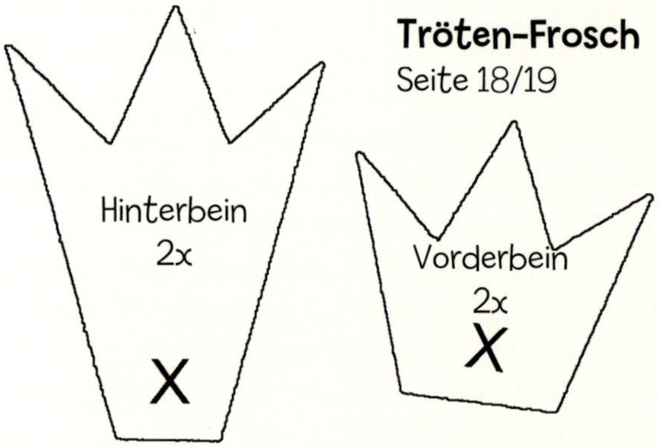

Sternchen
Seite 56/57

Bitte auf 200 % vergrößern

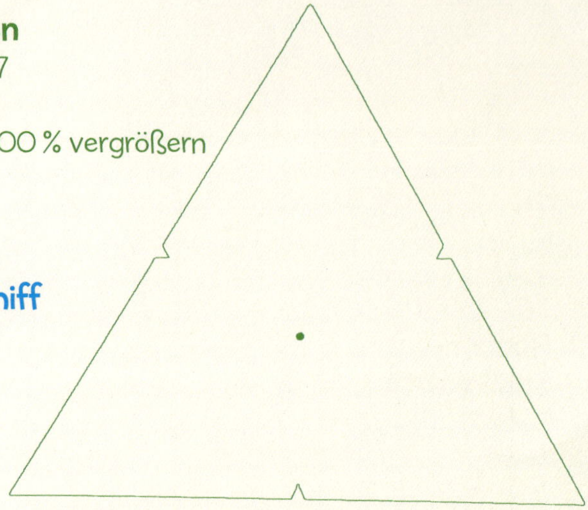

Eierkarton-Schiff
Seite 16

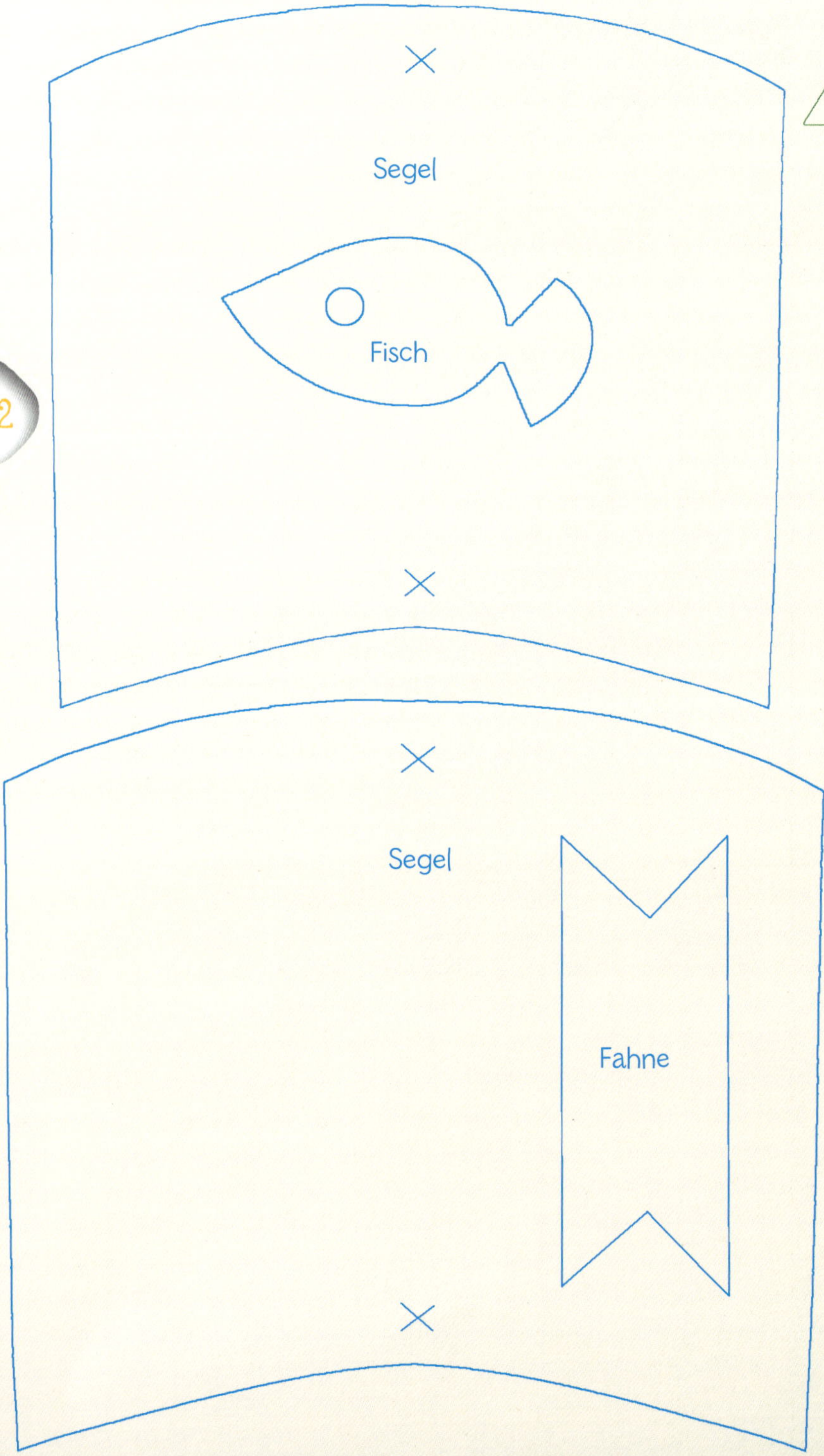

Eule
Seite 52/53

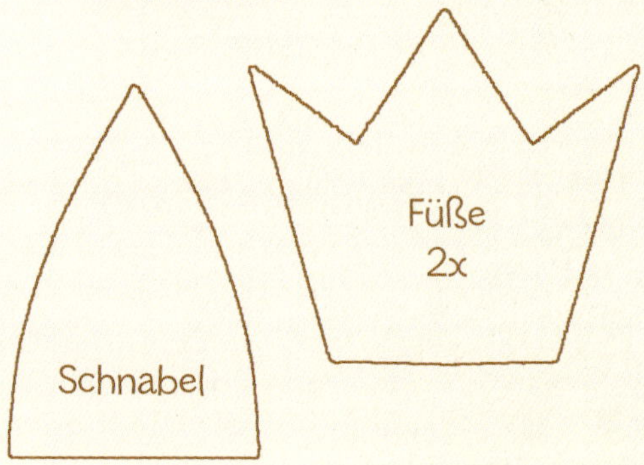

Blümchen
Seite 48/49

Papierschlange
Seite 14

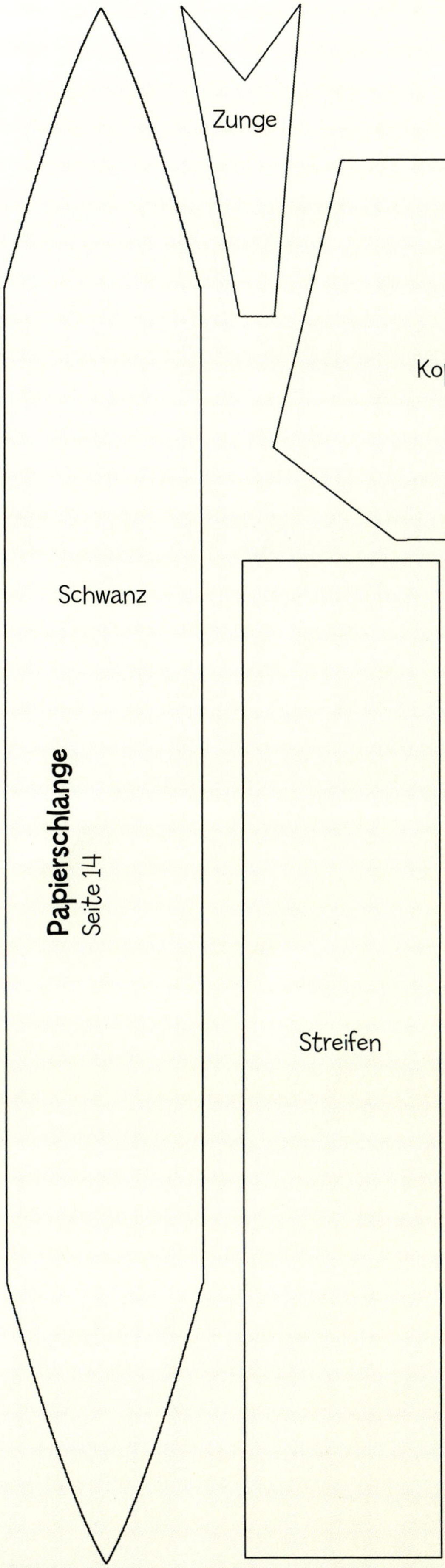

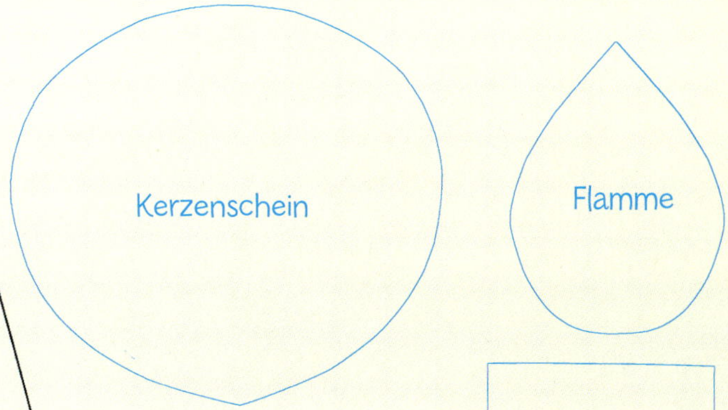

Kerze
Seite 40

Bitte auf 200 % vergrößern

Festtagsbaum
Seite 58/59

Pinguin auf Eisscholle
Seite 26/27

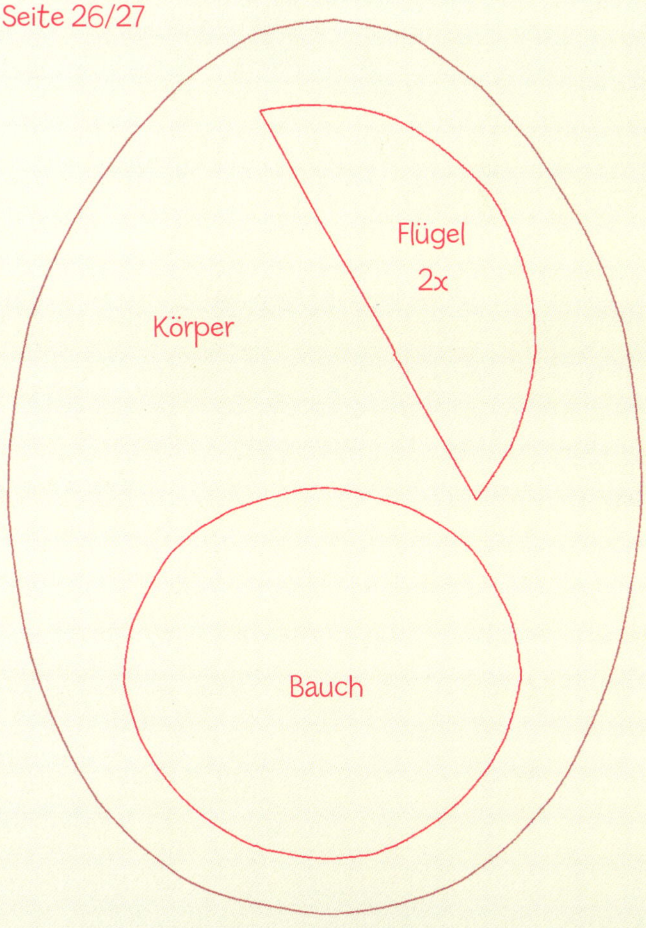

Weihnachtsanhänger
Seite 22

Drachen
Seite 38

Bitte auf 200 % vergrößern

Schnipsel-Autos
Seite 36/37

Pappteller-Dino
Seite 20/21

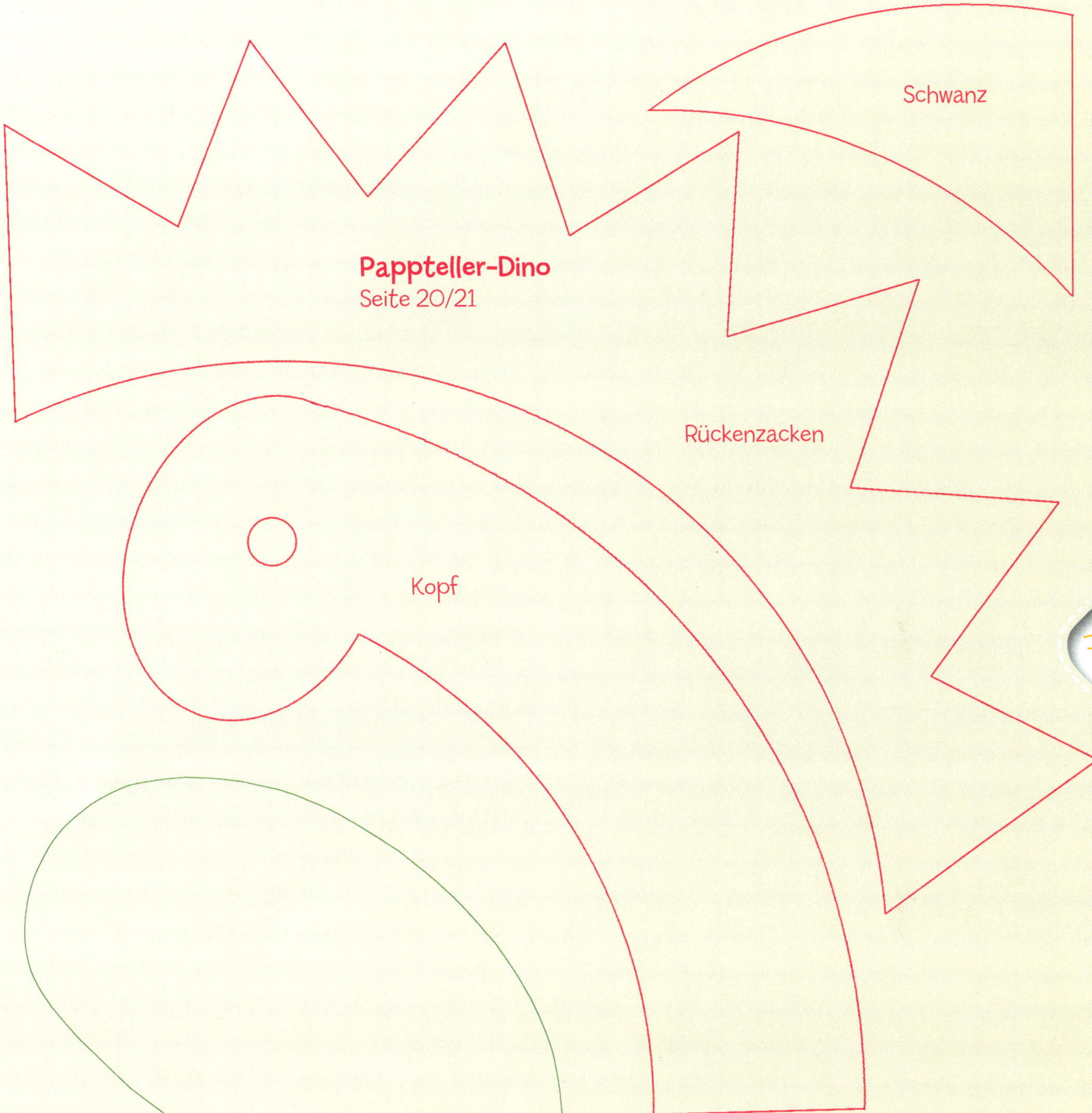

Bienenlaterne
Seite 30/31

Bitte auf 200 % vergrößern

Falt-Drache
Seite 54

Osterhase
Seite 50

Bitte auf 150 % vergrößern

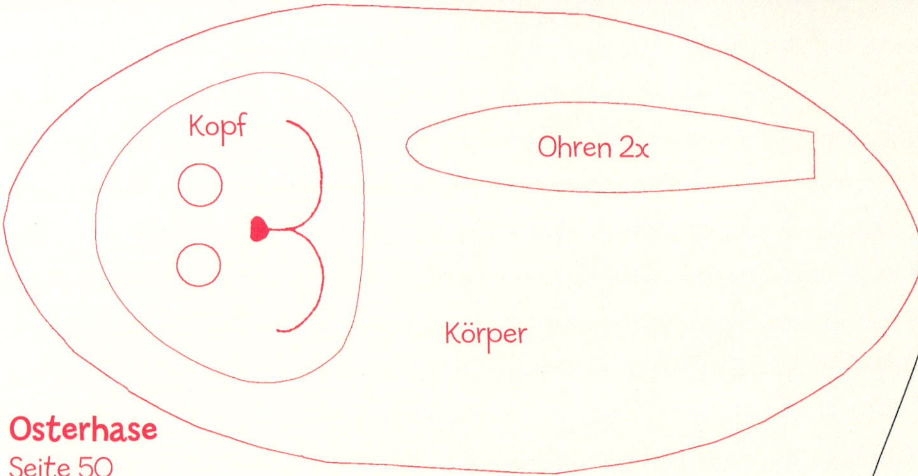

Marienkäfer
Seite 44

Weihnachtsmann
Seite 60/61

Bitte auf 200 % vergrößern

Schneemann-Schneekugel
Seite 39

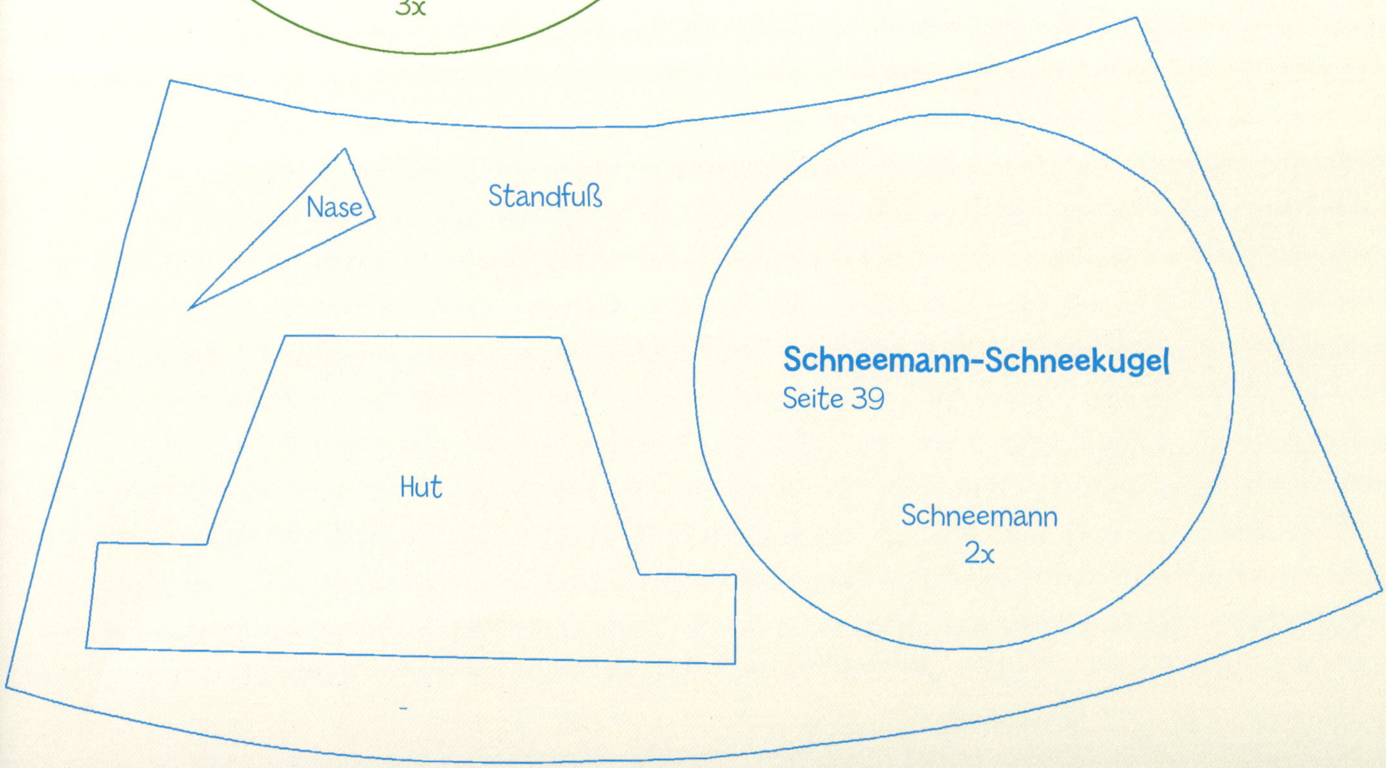

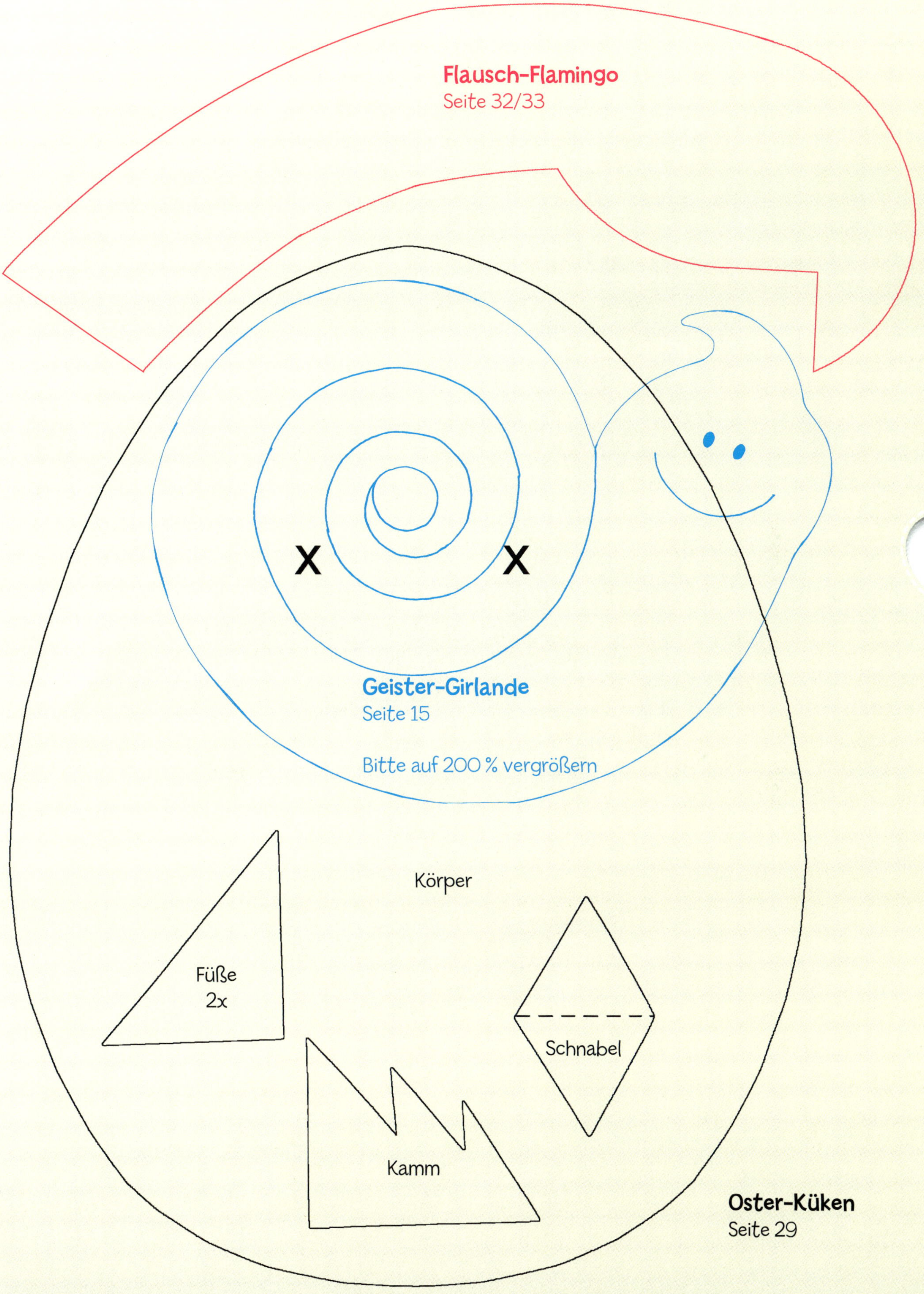
Flausch-Flamingo
Seite 32/33
Geister-Girlande
Seite 15
Bitte auf 200 % vergrößern
X
X
Körper
Füße
2x
Schnabel
Kamm
Oster-Küken
Seite 29

Buchtipps für dich

ISBN 978-3-7724-7671-6

ISBN 978-3-7724-8422-3

ISBN 978-3-7724-8456-8

ISBN 978-3-7724-7494-1

ISBN 978-3-7724-4461-6

ISBN 978-3-7724-4462-3

ISBN 978-3-7724-4459-2

ISBN 78-3-7724-8477-3

ISBN 978-3-7724-4519-4

ISBN 978-3-7724-4979-6

ISBN 978-3-7724-4958-1

ISBN 978-3-7724-4959-8

Noch mehr Kreativ-Bücher findest du auf www.TOPP-kreativ.de

Weitere Ideen zum Selbermachen gesucht?

Lieblingsstücke von einfach bis einfach genial finden Sie bei TOPP! Lassen Sie sich auf unserer Verlagswebsite, per Newsletter oder in den sozialen Netzwerken von unserer Vielfalt inspirieren!

Website

Verlockend: Welcher Kreativratgeber soll es für Sie sein? Schauen Sie doch auf **www.TOPP-kreativ.de** vorbei & stöbern Sie durch die neusten Hits der Saison!

TOPP-Autoren

Sie wollen wissen, wer die „Macher" unserer Bücher sind? Wer Ihnen nützliche Tipps & Tricks gibt? Auf **www.TOPP-kreativ.de/Autor** warten jede Menge spannender Infos zum jeweiligen Autor auf Sie. Finden Sie heraus, welches Gesicht hinter Ihrem Lieblingsbuch steckt!

Facebook

Werden Sie Teil unserer Community & erhalten Sie brandaktuelle Informationen rund ums Handarbeiten auf **www.Facebook.com/Mitstrickzentrale** Wer sich für Basteln, Bauen, Verzieren & Dekorieren interessiert, ist auf **www.Facebook.com/Bastelzentrale** genau richtig!

Pinterest

Sie sind auf der Jagd nach den neusten Trends? Sie suchen die besten Kniffe? Die schönsten DIY-Ideen? All' das & noch vieles mehr gibt es von TOPP auf **www.Pinterest.com/Frechverlag**

Newsletter

Bunt, fröhlich & überraschend: Das ist der TOPP-Newsletter! Melden Sie sich unter: **www.TOPP-kreativ.de/Newsletter** an & wir halten Sie regelmäßig mit Tipps & Inspirationen über Ihr Lieblingshobby auf dem Laufenden!

Extras zum Download in der Digitalen Bibliothek

Viele unserer Bücher enthalten digitale Extras: Tutorial-Videos, Vorlagen zum Downloaden, Printables & vieles mehr. Dieses Buch auch? Dann schauen Sie im Impressum des Buches nach. Sofern ein Freischaltcode dort abgebildet ist, geben Sie diesen unter **www.TOPP-kreativ.de/DigiBib** ein. Nach erfolgreicher Registrierung erhalten Sie Zugang zur digitalen Bibliothek & können sofort loslegen.

YouTube

Sie wollen eine ganz neue Technik ausprobieren? Sie arbeiten an einem spannenden Projekt, aber wissen nicht weiter? Unsere Tutorials, Werbetrailer, Interviews & Making Of's auf **www.YouTube.com/Frechverlag** helfen Ihnen garantiert dabei, den passenden Ratgeber von TOPP zu finden.

Instagram

Sie sind auf Instagram unterwegs? Super, TOPP auch. Folgen Sie uns! Sie finden uns auf **www.Instagram.com/Frechverlag** Möchten Sie uns an Ihrem Lieblingsprojekt teilhaben lassen? Am besten posten Sie gleich ein Foto mit dem Hashtag **#frechverlag** & wir stellen Ihr Werk gerne unserer Community vor – yeah!

Alles in einer Hand gibt's hier:

Kreativ-Bücher finden Sie auf www.TOPP-kreativ.de

Susanne Pypke arbeitet als freie Lektorin und Kreativ-Autorin im Stuttgarter Westen. Ihre Leidenschaft für das Selbermachen hat sie schon früh entdeckt. Nichts war schöner, als an Regentagen zu basteln, in Mamas Nähkästchen zu kramen oder die Gerätschaften in Papas Werkstatt auszuprobieren. Ihr Können setzt sie bis heute in zahlreichen DIY-Projekten um. Ein kleiner Ausschnitt davon ist auf ihrem Kreativblog fraeuleinfloh.blogspot.de zu sehen.

Impressum

MODELLE: Susanne Pypke
FOTOS: frechverlag GmbH, 70499 Stuttgart; lichtpunkt, Michael Ruder, Stuttgart
SCHRITTILLUSTRATIONEN: schwab:illustrationen, Haselund
ILLUSTRATIONEN: designed by freepik.com
PRODUKTMANAGEMENT UND LEKTORAT: Anna Burger
LAYOUT UND SATZ: Eva Grimme
DRUCK UND BINDUNG: BALTO print, Litauen

5. Auflage 2021

ISBN 978-3-7724-7832-1
Best.-Nr. 7832